最新 大人が知らない！日本史の教科書

監修
小和田哲男

教科書から消えた肖像

かつての歴史教科書に掲載されていた歴史的人物の“定番”ともいえる肖像画が、現在の教科書から次々に姿を消しています。

▲聖徳太子（574～622年）を描いた最古の肖像画と伝えられてきた「唐本御影（とうほんみえい）」（複製）。この画が描かれたのは、太子が没してから150年以上経った8世紀以降であることがわかっている。さらに近年、「聖徳太子虚構説」が注目を集めている。（©amanaimages） P90

▼京都・神護寺所蔵の「伝源頼朝像」(複製)。源頼朝(1147～1199年)の肖像とされてきたが、足利尊氏の弟・足利直義(ただよし)の肖像とする説がほぼ確定している。(©amanaimages)

▲京都国立博物館所蔵の「騎馬武者像」（東京大学史料編纂所所蔵模写）。足利尊氏（1305～1358年）を描いたものとされてきたが、家紋などから別人であったことが判明している。

▼高野山成慶院所蔵の「武田信玄像」（東京国立博物館蔵）。太刀の目釘や家紋などから、武田信玄（1521 ～ 1573年）とは別人であるという説が有力視されている。

◀「近世名士写真其1 西郷隆盛」(国立国会図書館蔵)。西郷隆盛(1828～1877)の肖像写真は存在しない。この西郷の肖像は、死後、弟の従道と従弟・大山巌の顔を参考に描かれた想像画である。

▶上野恩賜公園(東京都台東区)に立つ西郷隆盛の銅像。肖像(想像画)をもとに高村光雲が制作したものだが、除幕式に参加した西郷の未亡人・糸は「夫にまったく似ていない」と驚いたという。

書き換えられる教科書

歴史教科書の記述内容を変えることとなった、あるいは変えるだろうという新発見、新たな事実が次々に判明しています。

▶「漢委奴国王」の文字が刻まれた「金印」（福岡市博物館蔵）。真贋論争が続いているが、現在は「真印説」が有力となっている。
P78

◀2007（平成19）年に奈良県桜井市の纒向（まきむく）遺跡から出土した3世紀前半と思われる日本最古の木製仮面。邪馬台国の所在地は畿内説と九州説が主流だが、この発見は畿内説の有力な根拠となりそうだ。（写真提供：桜井市教育委員会）P66

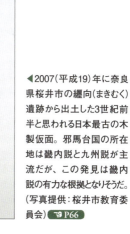

▲かつての教科書で「仁徳天皇陵」と説明されてきたこの古墳は、現在の教科書には「大仙陵古墳」（大仙古墳）として説明されている。

▲「乙巳（いっし）の変」の計画を練る中大兄皇子と中臣鎌足を描いた『多武峯（とうのみね）縁起絵巻／談合の図』（談山神社蔵）。「乙巳の変」は、30年前の教科書に掲載されていなかった。

P98

▲30年前の教科書で日本初の通貨と説明されていた和同開珎（わどうかいちん）。当時の読み方は「わどうかいほう」であった。（写真提供：日本銀行金融研究所貨幣博物館）P106

▲現在の教科書で日本初の通貨と説明されている富本銭（ふほんせん）。（写真提供：高森町教育委員会）P106

▲「乙巳の変」で、中大兄皇子が蘇我入鹿の首を刎ねる瞬間を描いた『多武峯縁起絵巻／蘇我入鹿暗殺の図』（談山神社蔵）。背を向けて立ち去ろうとしているのは、皇極天皇である。
P98

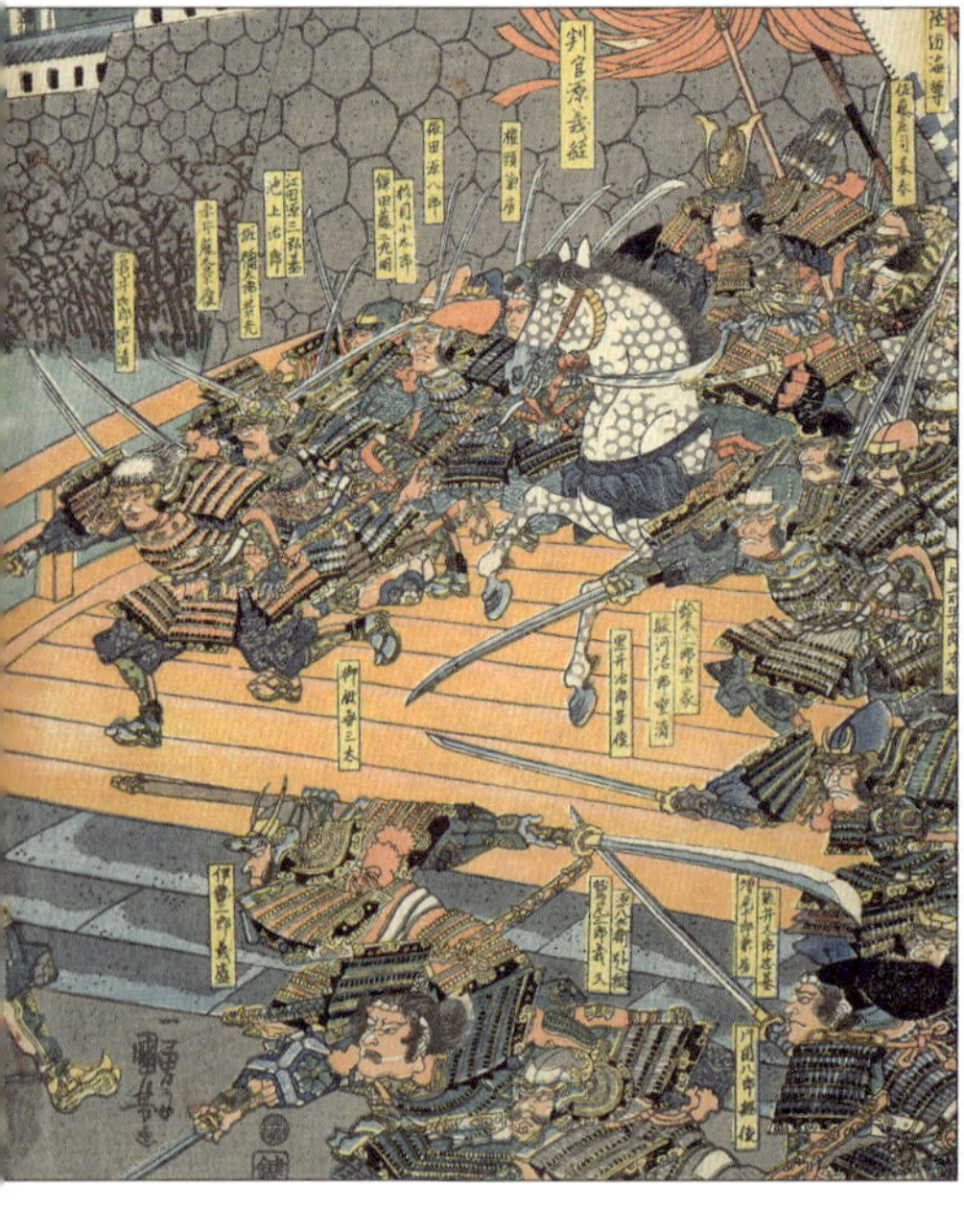

▲「壬申（じんしん）の乱」における最大の激戦「近江瀬田橋の戦い」を描いた『武蔵寺（ぶぞうじ）縁起絵図』（武蔵寺蔵／写真提供：筑紫野市歴史博物館）。「壬申の乱」は、弘文天皇からの簒奪劇であったとの見方が主流になりつつある。P114

◀源義経の最期を描いた『奥州高舘合戦義経主従勇戦働之事』（国立国会図書館蔵）。源頼朝・義経の確執は、後白河法皇の策略が契機であった。P146

◀第50代桓武天皇（東京大学史料編纂所所蔵模写）。30年前の教科書に掲載されていなかった生母の名が、現在の教科書では説明されている。

☞P124

▲2014年10月に鷹島沖（長崎県松浦市）で発見された元寇船とみられる沈没船。同地では2011年にも元寇船が見つかっている。（写真提供：松浦市教育委員会）P170

◀「応仁の乱」を描いた『真如堂縁起』（真正極楽寺蔵）。主な戦いは文明年間に行われたことから、「応仁・文明の乱」との呼称が一般的となっている。P198

▲「弘安の役」で、海上で待機する元船に奇襲をかける日本軍。（鎮西身延山本佛寺蔵／写真提供：福岡県うきは市教育委員会）P170

▶「元寇」における元軍と鎌倉武士との激戦を描いた『蒙古襲来絵詞』（九州大学附属図書館蔵）。「文永の役」で元軍を撃退したのは“神風”ではなく、鎌倉武士たちの奮戦であった。P170

▲"下剋上の典型"といわれる北条早雲（長氏）像（東京大学史料編纂所所蔵模写）。長らく「浪人」だったといわれてきたが、伊勢新九郎盛時と同一人物だったことが明らかとなっている。P204

▶北条早雲が奪取した小田原城。北条氏5代の本拠となったが、早雲は生前、一度も「北条」を名乗らなかった。

▼倭寇の頭目として東シナ海を荒らし回った王直の銅像（長崎県・松浦史料博物館）。王直のジャンク船が、種子島に鉄砲を伝えたことが定説となっている。P184・P212

▲油の行商人であったと伝えられる斎藤道三（利政）像（東京大学史料編纂所所蔵模写）。伝えられるその生涯は、父子2代にわたるものだったことが定説となっている。P210

▲日本初伝来とされる「ポルトガル初伝火縄銃」（種子島時邦蔵）。ポルトガル人が種子島に鉄砲を伝えたという定説は、近年、大きく揺らいでいる。P212

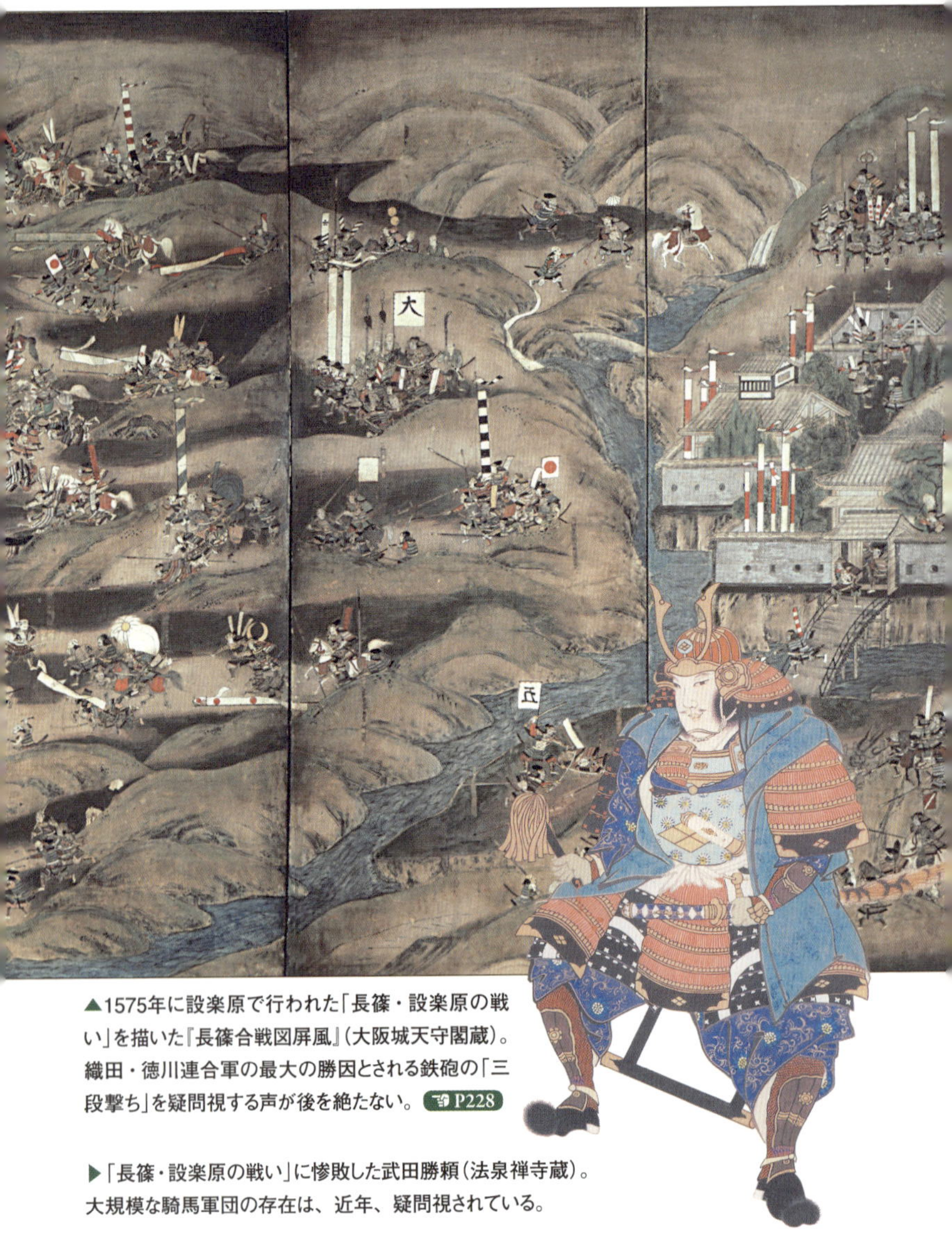

▲1575年に設楽原で行われた「長篠・設楽原の戦い」を描いた『長篠合戦図屏風』(大阪城天守閣蔵)。織田・徳川連合軍の最大の勝因とされる鉄砲の「三段撃ち」を疑問視する声が後を絶たない。P228

▶「長篠・設楽原の戦い」に惨敗した武田勝頼(法泉禅寺蔵)。大規模な騎馬軍団の存在は、近年、疑問視されている。

◀「長篠・設楽原の戦い」に大勝した織田信長（長興寺蔵／写真提供：豊中市郷土資料館）。伝えられる「三千挺」の鉄砲は、実は「千挺」だったとの説が有力視されている。

▲織田信長に折檻される明智光秀を描いた『新撰太閤記』。こうした振る舞いによって光秀が信長を恨み、「本能寺の変」におよんだという「怨恨説」は、すでに否定されている。（写真提供：古美術もりみや）P242

◀豊臣秀吉による朝鮮出兵に出陣した加藤清正を描いた『清正朝鮮国ヨリ日本ノ富士ヲ見ル図』（東京経済大学図書館蔵）。小西行長の場当たり的な和平交渉により、清正の奮戦は無駄骨となった。P244

◀大坂城を築いた豊臣秀吉（東京大学史料編纂所所蔵模写）。「下級武士の子」との説が流布されたが、やはり「農民の子」との説がほぼ確実視されている。☞P234

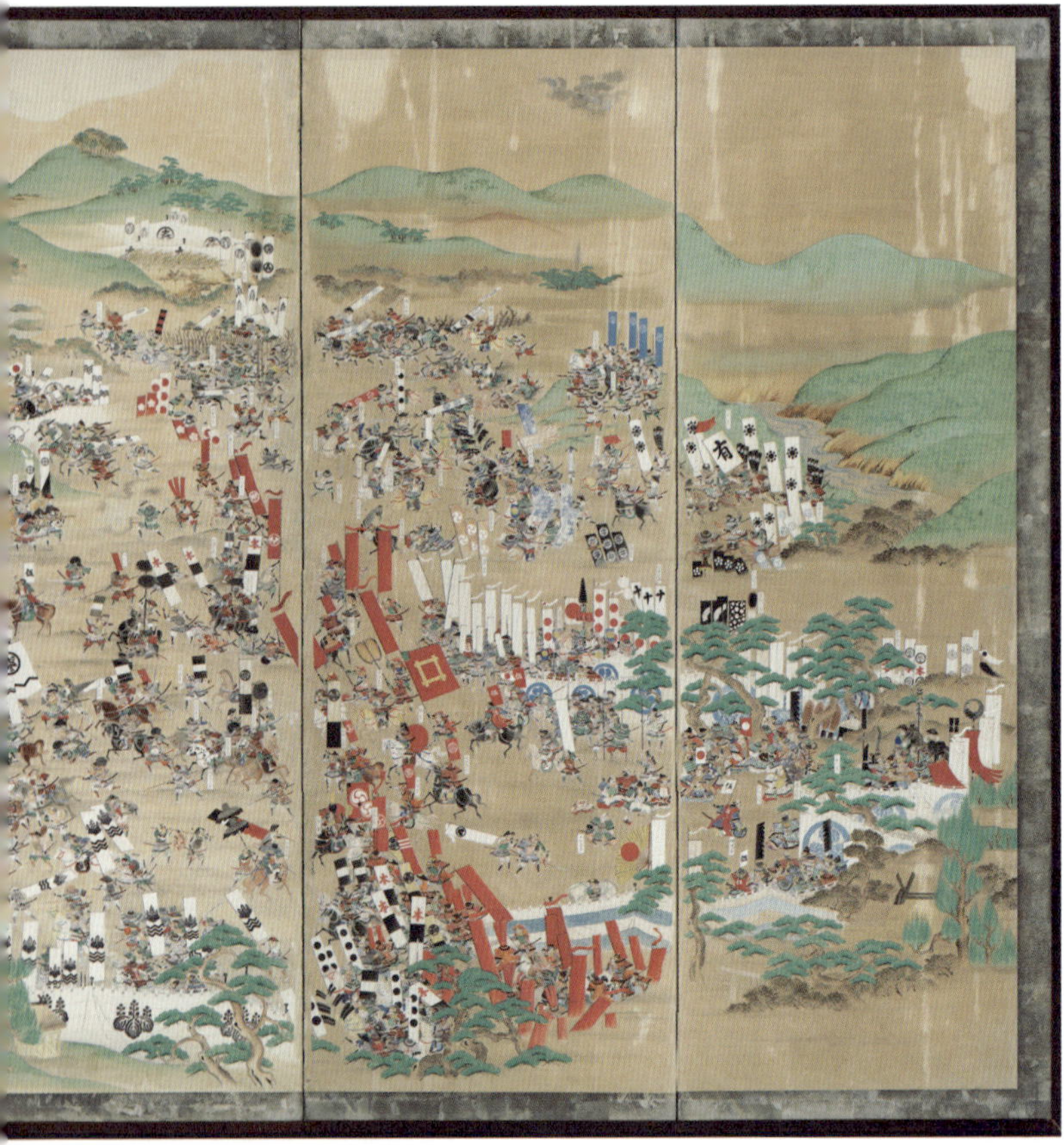

▲1600年の「関ケ原の戦い」を描いた『関ケ原合戦図屏風』（関ケ原町歴史民俗資料館蔵）。徳川家康率いる東軍は、石田三成の西軍にわずか6時間で大勝を収めた。P250

▶関ヶ原古戦場跡の「石田三成陣地」跡。すぐ横に布陣していた島津隊など、およそ4万5000もの軍勢が戦いに加わらなかった。P250

◀石田三成の要請を受け、西軍の総大将となった毛利輝元（東京大学史料編纂所所蔵模写）。西軍の総兵力のうち、実際の戦闘に参加したのは半分以下であった。

◀西軍を指揮した石田三成（東京大学史料編纂所所蔵模写）。「豊臣恩顧」の諸将に嫌われていたため、豊臣派＝西軍という図式にはならなかった。

▶伊達政宗の命により、慶長遣欧使節の正使となった支倉常長（仙台市博物館蔵）。欧州側の史料には、遣欧使節にこめた政宗の野望を示すものが多い。P264

▼日本に開国を迫ったペリー率いる黒船の図。いわゆる「鎖国令」が出されてからわずか62年後のことだった。（下田了仙寺蔵）

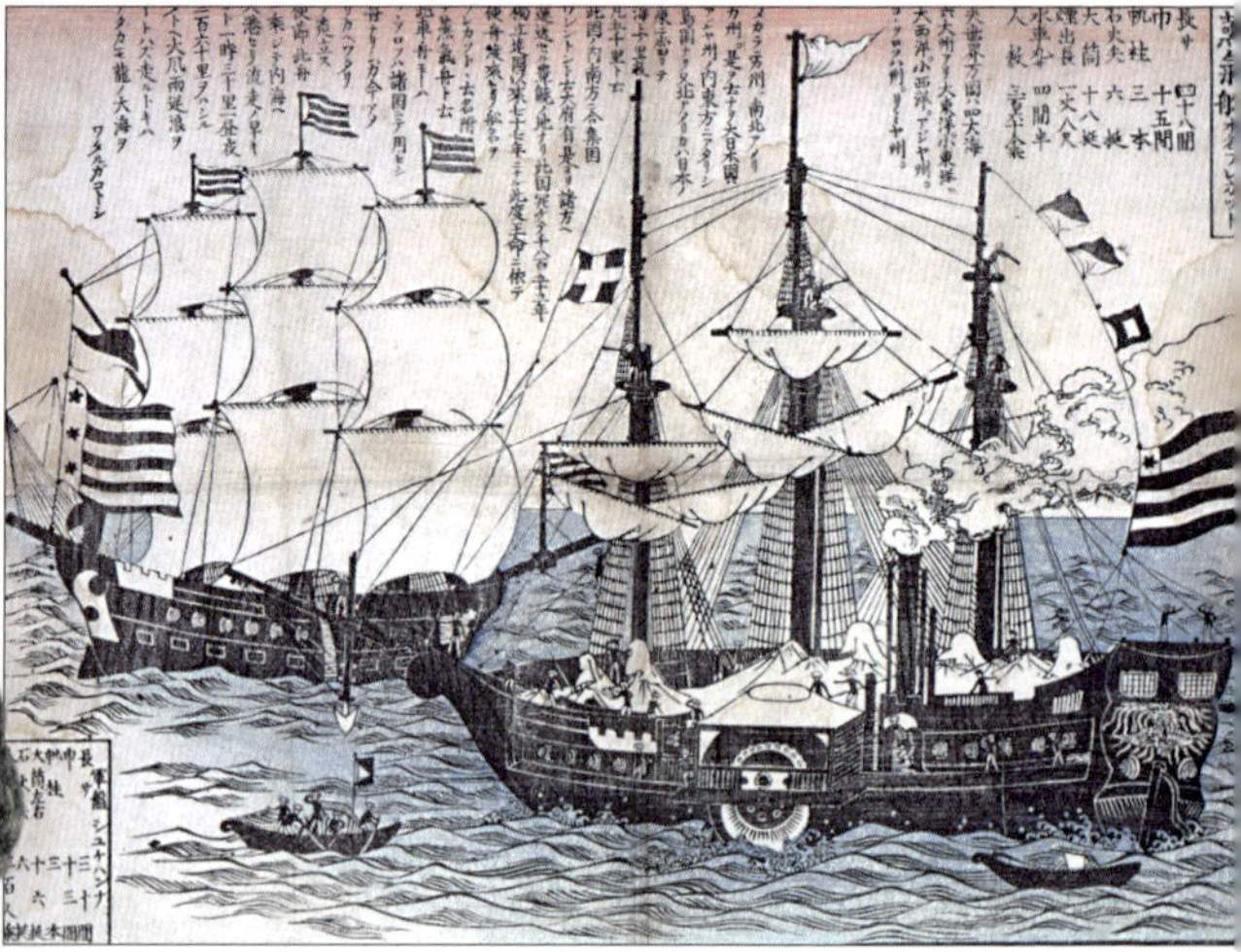

◀ペリー艦隊の従軍画家ハイネが描いた「ペリー提督像」（下田了仙寺蔵）。以前の教科書に記されていた「鎖国」は、近年「いわゆる鎖国」という表現になっている。P274

▲1854年に描かれたペリーの浦賀・横浜来航を伝える錦絵『合衆国人物蒸気船図絵』（下田了仙寺蔵）。開国に踏み切ったのは井伊直弼ではなく、井上清直と岩瀬忠震だったという。P294

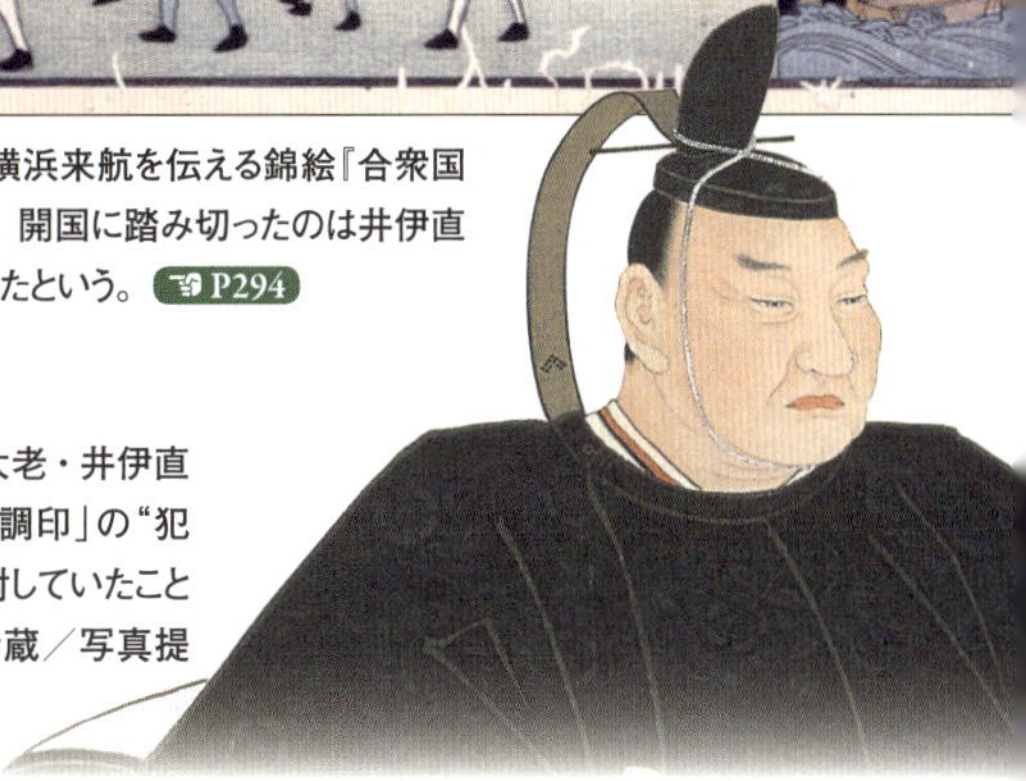

▶日米修好通商条約締結時の幕府大老・井伊直弼。孝明天皇の勅を受けない「違勅調印」の“犯人”とされているが、井伊はそれに反対していたことが明らかになっている。（彦根 清凉寺蔵／写真提供：彦根城博物館）P294

◀1877年に描かれた『征韓議論図』（東京経済大学図書館蔵）。西郷隆盛と江藤新平が、岩倉具視に「征韓論」を強要する場面が描かれている。だが、西郷らが求めていたのは使節の派遣であった。 P304

▶「日露戦争」における日本海海戦に勝利した日本海軍の凱旋パレード。日露戦争に日本が勝利したという記述は、近年の教科書から消えている。（©kyodonews/amanaimages） P314

▶日本海海戦に勝利し、「軍神」と讃えられた東郷平八郎元帥（国立国会図書館蔵）。アジア諸国からも賞賛された「東郷」の名は、現在の教科書には記されていない。

近年の歴史的発見

歴史的事実と認識されていたこれまでの定説を大きく覆すような、近年の発見や真実を紹介します。

▲1984年に荒神谷（こうじんだに）遺跡（島根県出雲市）で発見された16本の銅矛と6個の銅鐸。銅矛と銅鐸が同じ場所から出土したのは全国で初めてのことである。

☞P74

▲2015年1月に雷下（かみなりした）遺跡（千葉県市川市）から出土した国内最古と思われる丸木舟。ムクノキをくり抜いた全長7メートルを超えるこの大型舟は、約7500年前のものとみられる。縄文人の優れた航海力が明らかとなった。（写真提供：千葉県教育振興財団）

▶2015（平成27）年に兵庫県の淡路島（南あわじ市）で発見された、弥生時代中期のものとみられる「松帆銅鐸（まつほどうたく）」。7個のうちの1個は内側に一まわり小さな銅鐸が入った「入れ子」になっており、銅鐸の取っ手と音を鳴らす棒状の「舌（ぜつ）」から植物性の繊維が見つかった。銅鐸の使用用途は不明だが、紐で吊して鳴らしていたことが判明した。（写真提供：南あわじ市埋蔵文化財調査事務所）P74

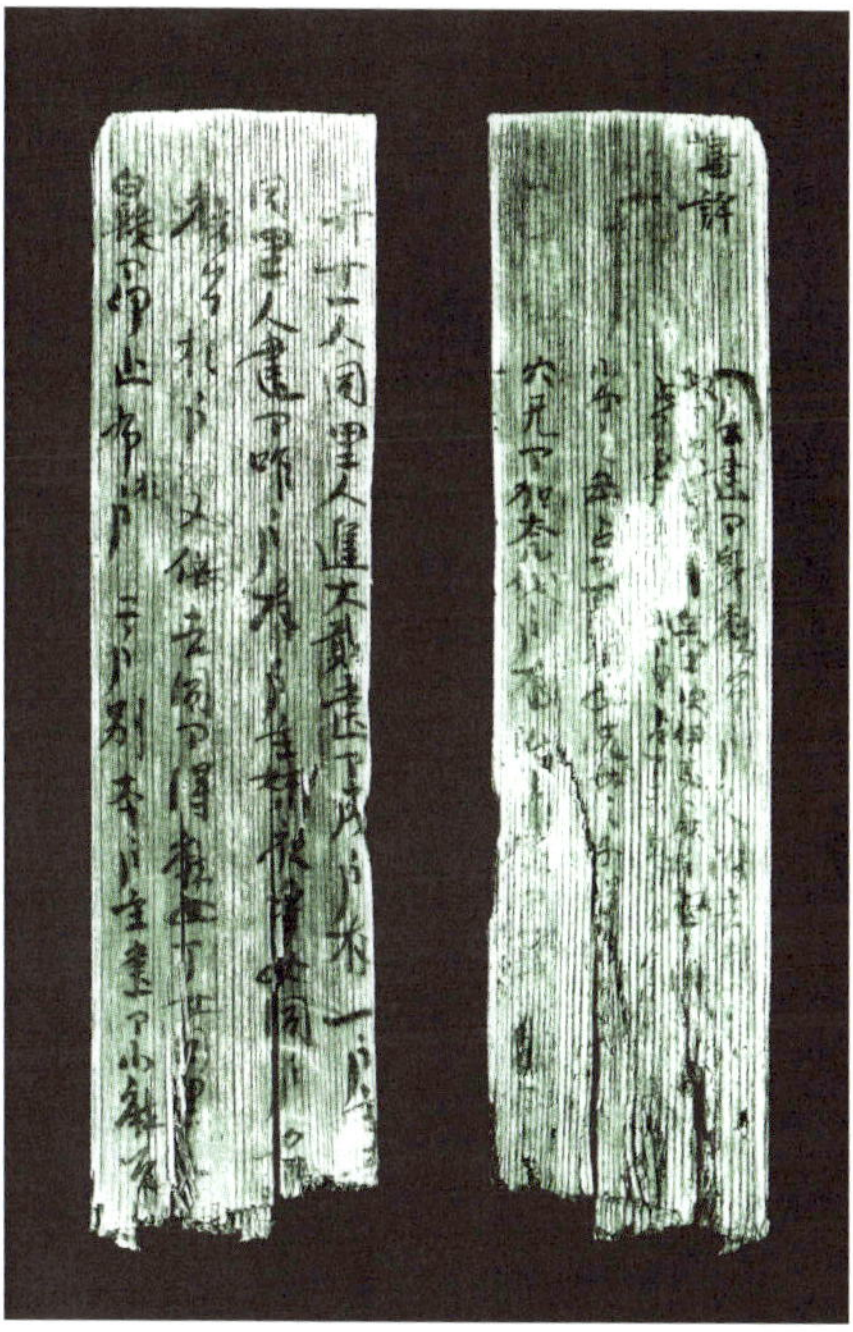

▲2012年6月に国分松本遺跡（福岡県太宰府市）から出土した国内最古の戸籍を記した木簡。16人以上の氏名、「兵士」「丁女」といった身分、性別などの戸籍内容が記録されている。7世紀末のものとみられるこの木簡により、東大寺正倉院に伝わる文書『筑前国嶋郡川辺里戸籍』（702年）を現存最古の戸籍とする定説が覆された。（写真提供：太宰府市教育委員会）

▼2008年に国立歴史民俗博物館が行った分析調査により、西暦240～260年に築かれたことが判明した奈良県桜井市の箸墓（はしはか）古墳。250年頃に死去したとされる邪馬台国の女王・卑弥呼の墓として注目されている。（©amanaimages）

▶2012年8月、京都の平安京跡で発見された「白虎楼」に使ったとみられる瓦。「大極殿」の南西に位置した二重屋根の建物とされる白虎楼は、遺構が見つからないために存在が証明されなかった。この発見は白虎楼の存在を裏づける貴重なものとなった。（写真提供：京都市埋蔵文化財研究所）

▼1988年から1993年に行われた東大寺南大門仁王像の解体修理によって、吽形（うんぎょう）像は、定説であった運慶・快慶の作でなく、運慶の弟とされる定覚と運慶の嫡男・湛慶の手によるものだったことが判明した。阿形（あぎょう）像は運慶と快慶の作である。

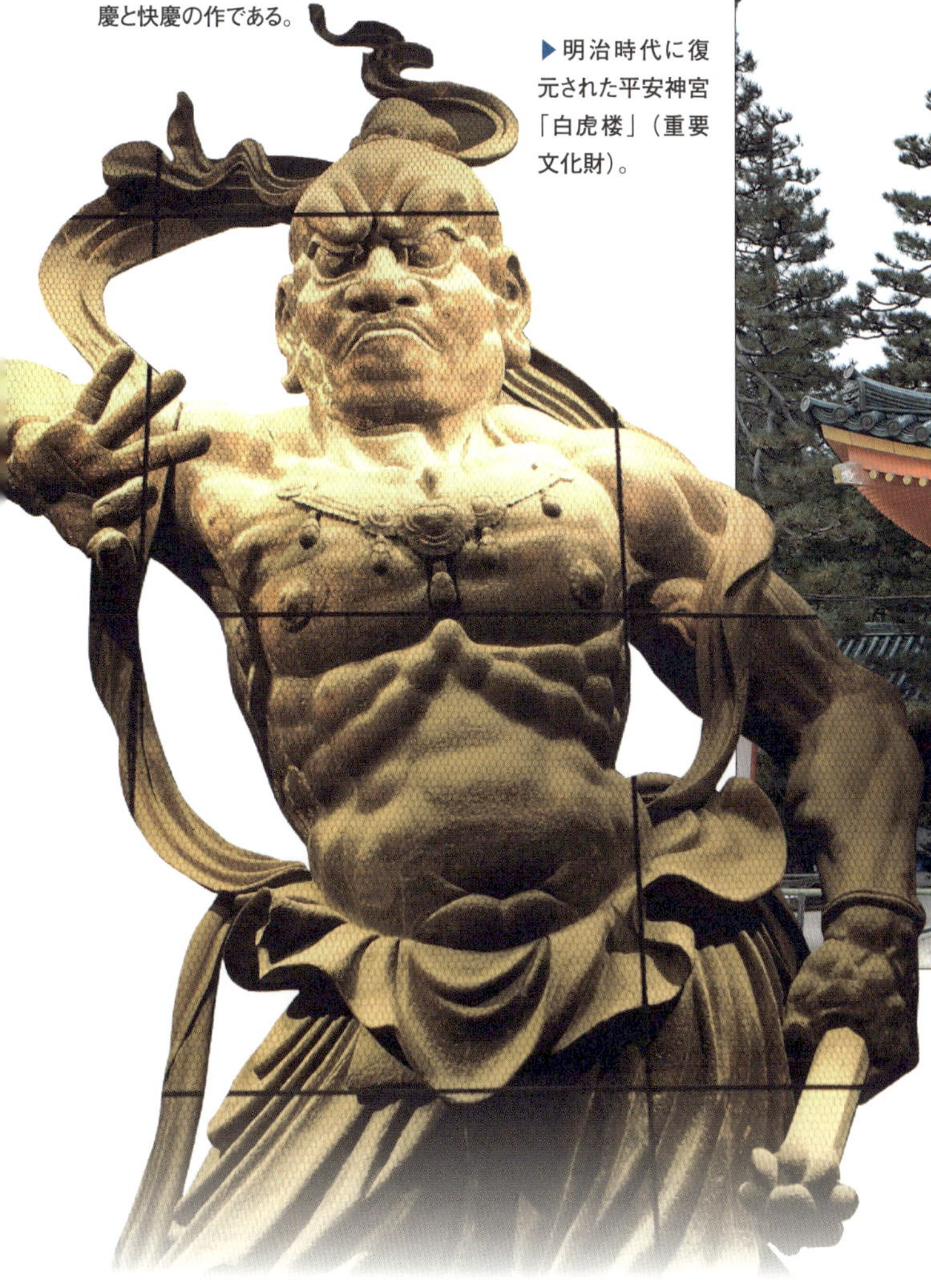

▶明治時代に復元された平安神宮「白虎楼」（重要文化財）。

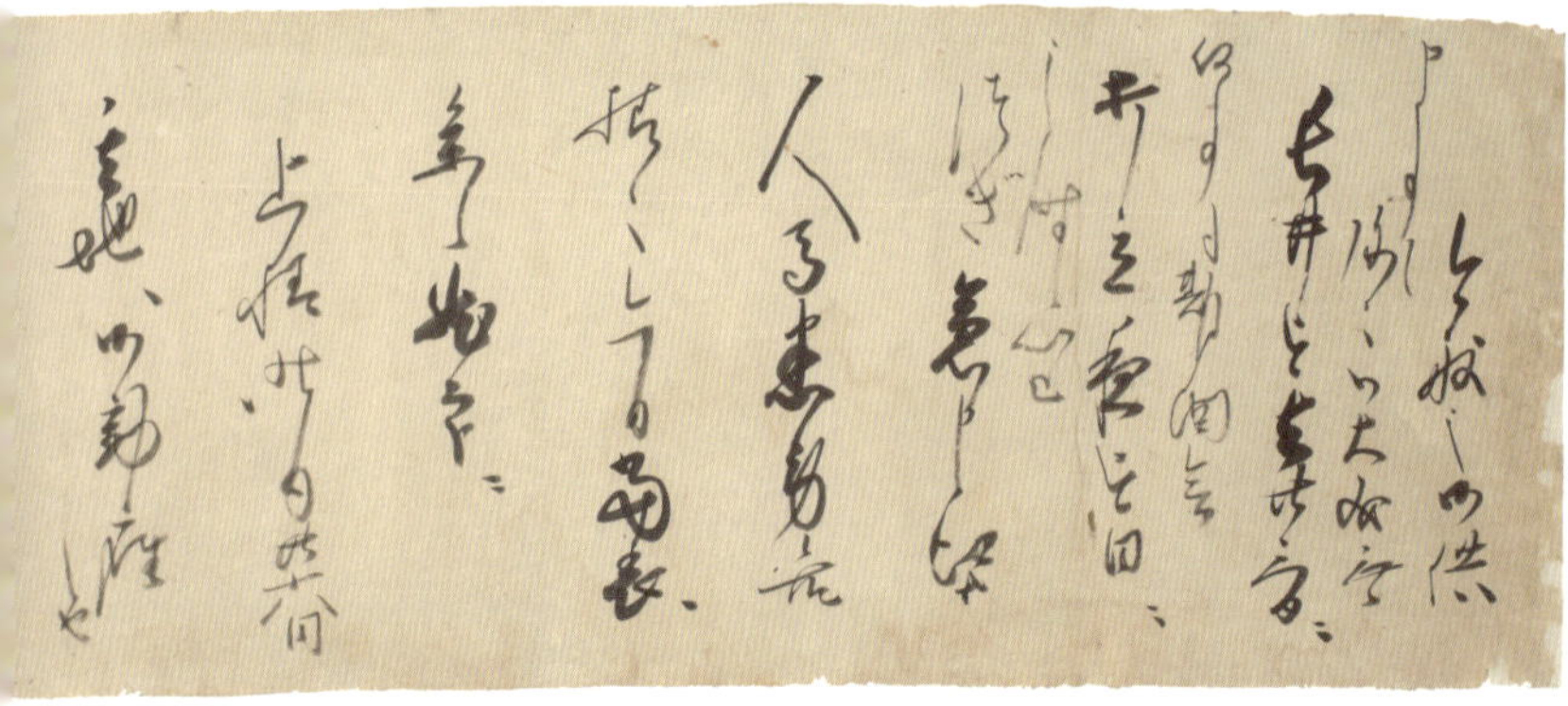

▲2015年8月に栃木県立博物館が発見を発表した「秀吉に遅刻釈明をする政宗の書状」。天正18年7月27日付で、奥羽仕置の先導役に任命されていた政宗が、秀吉の宇都宮入りに間に合わないことを釈明する内容。筆跡や花押から政宗の直筆と判断された。（写真提供:栃木県立博物館）

▼武田信玄の軍師とされる山本勘助。
（山梨県立博物館蔵）

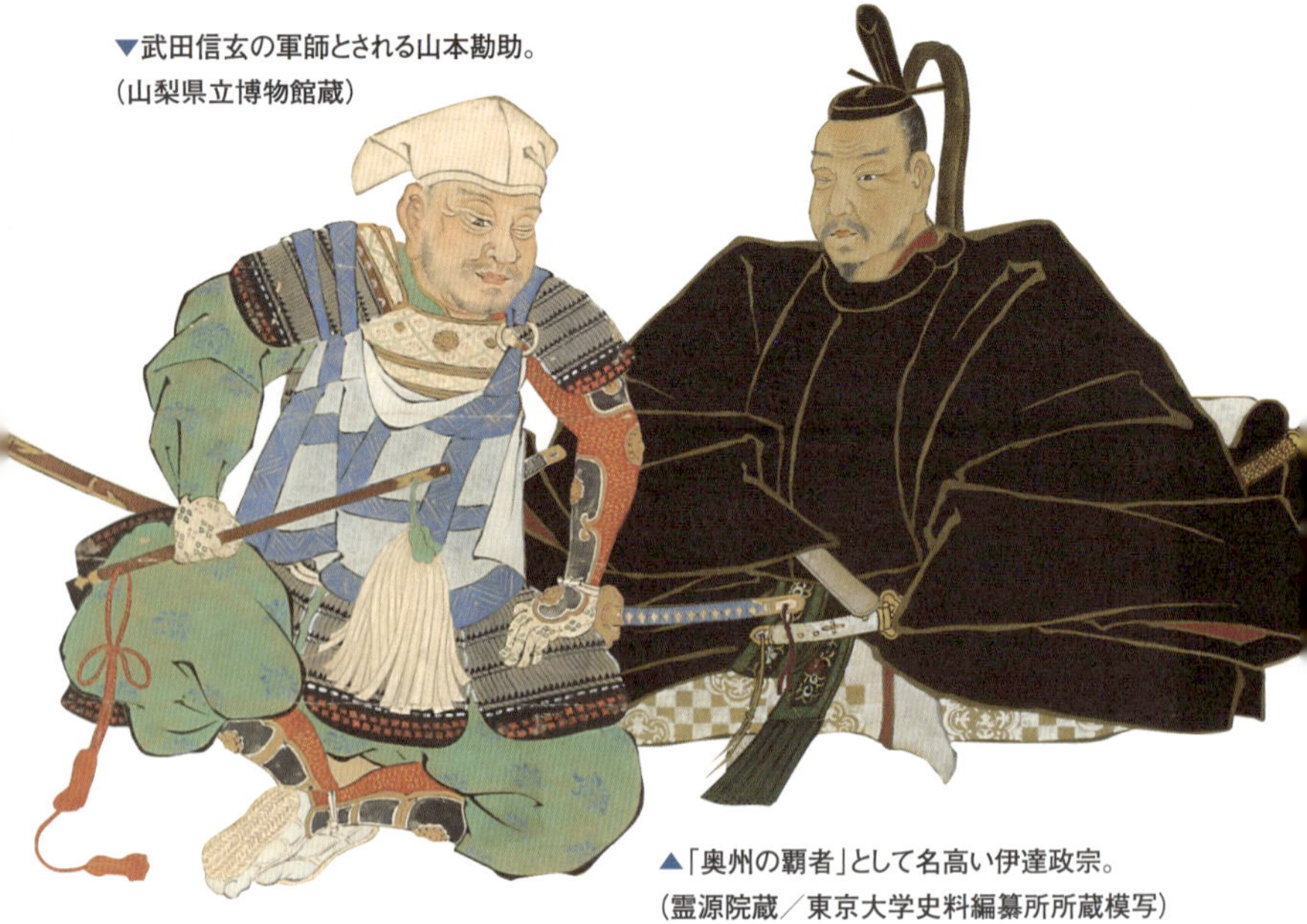

▲「奥州の覇者」として名高い伊達政宗。
（霊源院蔵／東京大学史料編纂所所蔵模写）

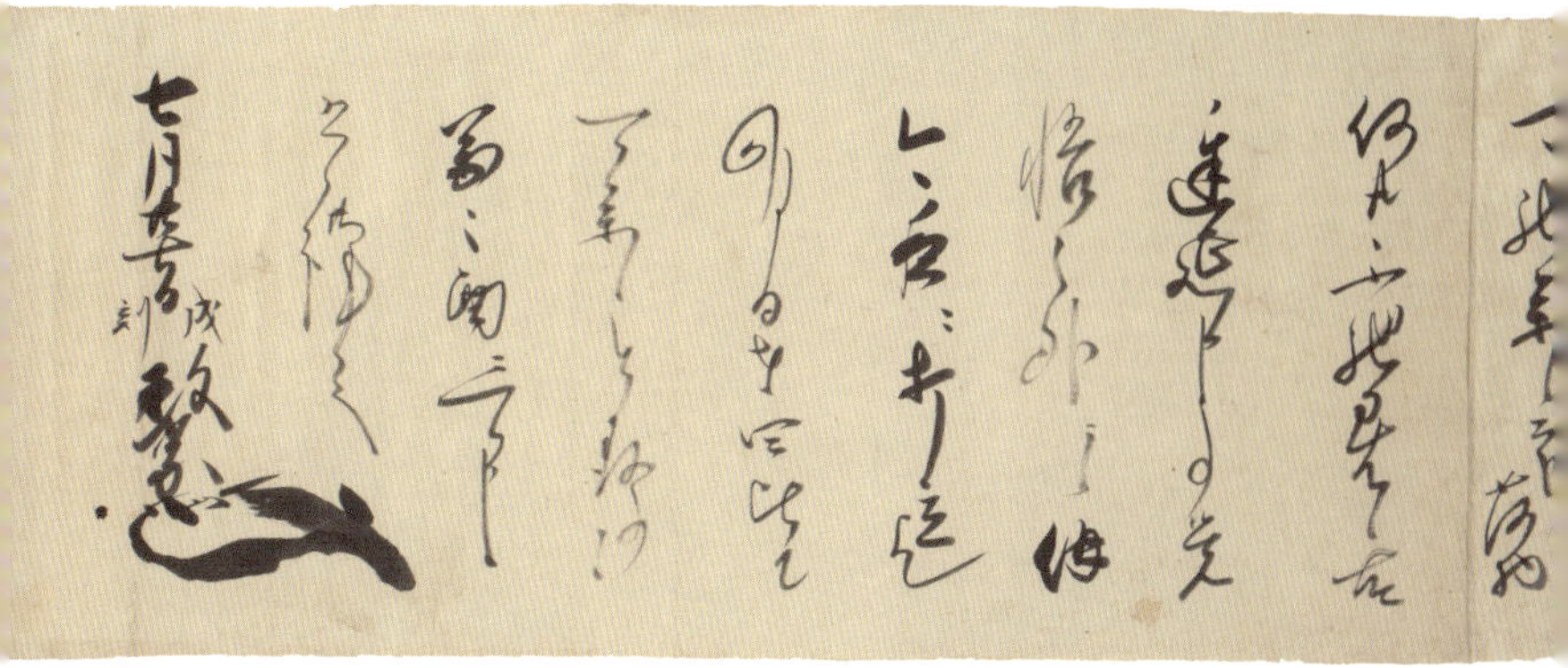

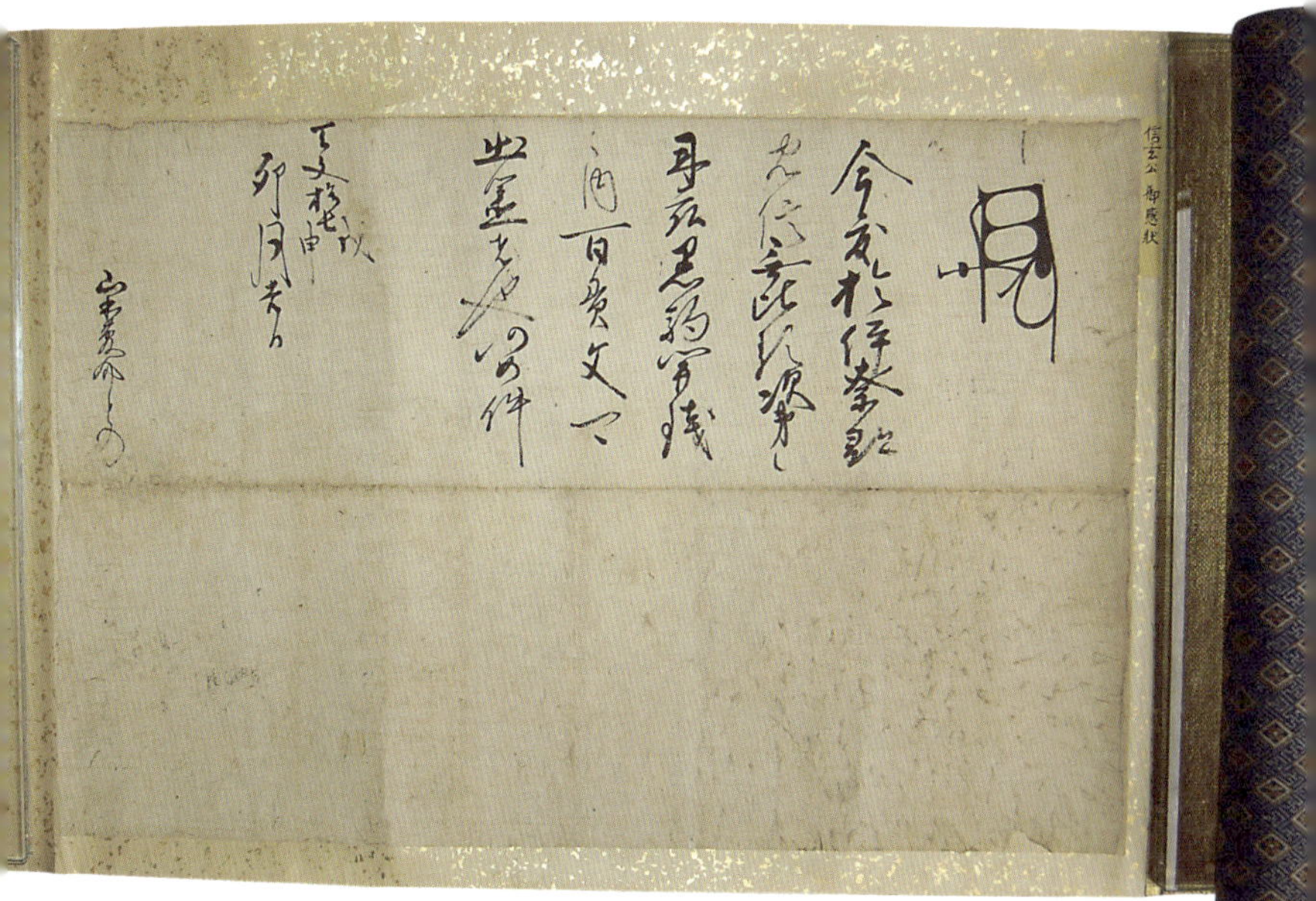

▲2009年に群馬県安中市の旧家から発見された武田信玄の軍師・山本勘助の実在を示唆する書状。天才軍師と称されながら、その実在を証明する確かな史料がないため、架空の人物ではないかともいわれた勘助。この発見により、実在した可能性が高まった。（写真提供：安中市学習の森ふるさと学習館）

▼左は、坂本龍馬（国立国会図書館蔵）の妻・楢崎龍（おりょう）。まったくの別人ではないかと噂されていたこの写真（写真提供：井桜直美）は、2008年に高知県立坂本龍馬記念館が警視庁科学警察研究所に、おりょうの晩年に撮影された写真との比較鑑定を依頼した結果、同一人物の可能性があると鑑定された。

はじめに

あなたがかつて、学校で教えられた歴史教科書の内容は、現在も変わっていないでしょうか――。

日本列島の各地に存在する遺跡の発掘調査や出土品の年代測定、誰も見ることがなかった史料や絵画などの発見、最新技術による調査研究の成果、従来とは異なる視点からの新しい解釈、解けなかった謎の解明などによって、歴史は今も、この瞬間も、大きく塗り替えられています。

この本では、全国の高等学校で幅広く採用されている山川出版社の歴史教科書『詳説日本史B』を題材に、30年前の高校で使用されていた教科書と、現在の高校で使用されている教科書とを徹底比較。記述内容が変更されている部分を抜粋したうえで、その理由となった新しい学説、研究成果や新発見などを、わかりやすく解説したものです。

さらに、近年の歴史的発見や、現在の学界などにおいて定説となっている、あるいはなりつつあることがらを踏まえ、近未来の教科書の記述を予想し、「30年後の教科書」として掲載しました。

気軽なおしゃべりのネタとして、手軽な日本史のテキストとして、世代が違う方との会話のきっかけとして、あなたが定説と信じている内容の確認のためにも、本書に掲載した歴史のページをめくってみてください。

目次

1章　先史

2章 古代

3章 中世

4章 近世・近代

1章 先史

先土器／縄文／弥生時代

	年代	出来事
P42	**650 万年前頃**	**人類の誕生**
	20 万年前頃	原生人類がアフリカに出現
P48	**3 万 2000 年前頃**	**原生人類が日本列島へ上陸**
	1 万 5000 年前頃	土器がつくられはじめる
P54	**8500 年前～7500 年前頃**	**農耕がはじまる**
P62	**8000 年前頃**	**長江流域で稲作がはじまる**
	6000 年前頃	日本で稲作がはじまる
	5500 年前頃	三内丸山に集落が成立
	4200 年前頃	三内丸山集落が放棄される
	前 4 世紀～前 3 世紀頃	青銅器・鉄器伝来
	前 4 世紀頃	稲作が日本各地に広まる
	57	倭の奴国王が後漢に朝貢
	107	倭国王の帥升が後漢に朝貢
P66	**3 世紀前半**	**卑弥呼が邪馬台国女王となる**
	239	卑弥呼が魏に朝貢
	247	卑弥呼没
P66	**240 ～ 260**	**箸墓古墳がつくられる**
	3 世紀	臺與が邪馬台国女王となる

最古の化石人類発見

人類の誕生は650万年前だった

30年前の教科書

人類が地球上にあらわれたのは，今から約200万年から100万年前の，地質学でいう洪積世《こうせきせい》初期のことであった。

現在の教科書

地球上に人類が誕生したのは，今からおよそ650万年前の地質学《ちしつがく》でいう新第三紀の中新世《ちゅうしんせい》後期である。

〝最初の化石人類〟ネアンデルタール人の発見

30年前の教科書の説明にある「洪積世」とは、およそ170万年前から1万年前の氷河時代を指し、現在では主に「更新世《こうしんせい》」と呼ばれる。現在の教科書にある「中新世」は、約2430万年前から533万年前までを指す時代区分であり、今日はこの時代の後期に、最古の人類が誕生したことが明らかとなっている。

人類の起源を解明しようとする古人類学は、1856年にドイツ・デュッセルドルフ近郊のネアンデル谷の洞窟から発見された1体の化石によって生まれたといっていい。後に「ネアンデルタール人」と呼ばれるその頭蓋骨は、脳の容積は現生人類と同等でありながら、眼窩《がんか》上隆起(両眼の上のほぼ眉に沿った部分にあるでっぱり)が異常に発達し、現生人類の特徴であるオトガイ(下顎のとがった部分)がなかった。こうした特徴から、この化石がかつてヨーロッパに住んでいた原始人類の骨であると確信し、その研究結果を発表した地元の高校教師カール・フールロットは、名だたる学者たちからの猛烈な批判に晒される。旧約聖書に書かれた天地創造が広く信じられていた当時、学者たちはネアンデルタール人の化石を「病気によって変形した老人の骨格」「カルシウムが不足したコサック兵の骨」などと主張し、人類の祖先である〝原始人〟の存在を認めようとしなかったのだ。

その後の1859年、イギリスのチャールズ・ダーウィンが人類の進化を示唆する『種の起源』を発表すると、その解釈を巡って大論争が巻き起こった。するとダーウィンは続く著書『人間の由来』において、次のような学説を発表している。

「人間の祖先は、サル類のなかで、旧大陸にすむ、いわゆる狭鼻猿類《きょうびえんるい》の先祖のうちにいたであろう。また人類がはじめて生まれたところは、おそらくアフリカであろう」

進化論を巡る大論争の中、1868年には南フランスで、ネアンデルタール人より現生人類に近い「クロマニョン人」の化石が発見され、1891年にはインドネシアで、ネアンデルタール人より原始的な化石（ジャワ原人）が見つかった。そして1901年、続々と発見される化石との比較研究を重ねたドイツの生物・解剖学者アルベルト・シュワルベが、ネアンデルタール人は現生人類の祖先であることを論文で立証した。それは、自説を否定されたフールロットの死から、24年後のことだった。

700万年前に存在した〝生命の希望〟

1924年、オーストラリア出身の解剖学者レイモンド・ダートが南アフリカで、サルともヒトとも異なる頭骨の化石を発見。ダーウィンの進化論を裏づける最古の化石人類であると確信し、「アフリカの南のサル」を意味する「アウストラロピテクス・アフリカヌス」と名づけて学界（ネイチャー誌）に発表した。当初、このダートの発見も激しい批判に晒されたが、第二次世界大戦後に急速に発展した放射線による年代測定などにより、アウストラロピテクスは最も初期の化石人類であることが確認されたのである。

1950年代に入ると、最初に二足歩行をしたアウストラロピテクス類を「猿人」、ジャワ原人、北京原人などを「原人」、ネアンデルタール人などを「旧人」、クロマニョン人などを「新人」と区別し、その順に進化したという考え方が学界の主流を占める。類人猿から枝分かれした最初の人類とされたアウストラロピテクスは、およそ300万年前から250万年前の化石だと判定された。

30年前の高校教科書の記述は前述の通りだが、同時期の中学教科書『中学社会 歴史的分野』（日本書籍株式会社）には次のように記されていた。

「アフリカの南東部から、300万年前にさかのぼるといわれるアウストラロピテクス（南の猿人）の化石が発見されている。これが、今日では人類のいちばん古いものといわれている。人間とサルの分岐点は直立歩行がはじまった時点とされ、アウストラロピテクスより数百万年はさかのぼるのではないかと、今も世界各地で発掘・研究がつづけられている」――。

この記述は、実に進歩的であった。1974年にはエチオピアの約350万年前の地層から「アウストラロピテクス・アファレンシス」が発見され、1992年には東京大学の諏訪元《げん》教授らの研究チームがやはりエチオピアで、アウストラロピテクスとは異なる約440万年前の「アルディピテクス・ラミドゥス」の化石を発見している。

さらに、2001年に中央アフリカのチャドで発見された「サヘラントロプス・チャデンシス」は、700万年前から600万年前に生息していたと測定された。「生命の希望」を意味する「トゥーマイ」という愛称で知られるこの化石は、2015年現在の「最古の猿人」だが、今後の発掘調査によって人類の起源が「数百万年はさかのぼる」可能性は極めて高いのである。

ネアンデルタール人は絶滅していない？

また、人類化石の年代測定が精巧となったことで、「旧人」とされるネアンデルタール人は、およそ4万年前に絶滅したことがわかった。人類は「猿人」→「原人」→「旧人」→「新人」という直線的な流れで進化したのではなく、共通の祖先から枝分かれした後、独自の進化を遂げたネアンデルタール人は、現生人類に連なるクロマニョン人をはじめとする「新人」との生存競争に敗れ、絶滅してしまったのだ。

ところが、2014年にドイツのマックス・プランク進化人類学研究所が、ネアンデルタール人のゲノム（全遺伝情報）を解析して現代人と比較したところ、アフリカ人を除くすべての現代人が、ネアンデルタール人の遺伝子を平均で2パーセント持っていることが判明した。これは、現生人類が「新人」とネアンデルタール人との混血であったことを示すものである。

同研究所のスヴァンテ・ペーボ氏は、「我々の中にはネアンデルタール人がいることになる。彼らは完全には絶滅していないわけだ」と述べている。

日本人のルーツ

日本人の起源はバイカル湖周辺!?

現在の教科書

日本人の原型は古くからアジア大陸南部に住んでいた人びとの子孫の縄文人であり，その後，もともとは北アジアに住んでいた弥生時代以降に渡来した人びととの混血を繰り返し，現在の日本人が形成されたとされる。

30年後の教科書

日本人は，アジア大陸南部に住んでいた人びとと，北アジアに住んでいた人びととの混血であると考えられてきたが，近年のDNAの研究などによって導かれた，日本人のルーツは北方民族であるという説が注目されている。

通説とされた「南方渡来説」と「大陸渡来説」

現生人類の学名である「ホモ・サピエンス」（賢い人）は、約20万年前にアフリカで出現し、地球上に拡散していったと考えられている。

現在において、日本最古の人骨は、沖縄県那覇市で発見された3万2000年前のものと見られる「山下洞人《やましたどう》」で、沖縄県島尻郡八重瀬町ではおよそ1万7000年前の「港川人《みなとがわ》」の人骨が発掘された。日本ではこれらより古い人骨が発見されていないことから、「日本人の原型は南方にある」とする「南方渡来説」が学界の主流となったのである。

ところが、唯一、全身骨格が発掘された港川人を詳細に検証したところ、細い下顎の骨や眉間の盛り上がり、発達した頬骨といった特徴が、いわゆる縄文人や現在の日本人とはかなり異なっていることが判明した。また、縄文人よりも約5センチ低い身長や、縄文人より細い脊柱、縄文人より華奢《きゃしゃ》な上半身の骨格などは、ジャワ島の「ワジャク人」により近いことが指摘されたのである。

国立科学博物館人類研究部長の篠田謙一氏は、「港川人をはじめとする沖縄の旧石器時代人は、新天地を求めて琉球列島に到達したものの、結局は永続的に子孫を残すことができずに滅亡した人々だったのかもしれません」と述べている。

この「南方渡来説」の次に提唱されたのが、中国大陸の南部に住んでいた人々が朝鮮半島を経由して日本に至り、日本人のルーツを形成したとする「大陸渡来説」であった。

縄文時代の日本に住んでいた人々、なかでも九州地方を中心に活動していた人々が、大陸と交流していたことは紛れもない事実である。しかし、縄文土器に似た土器が発掘された中国山東省の煙台《えんたい》で出土した人骨を縄文人と比較してみると、類似点がありながらも高身長などの相違点もあり、両者が同系統の民族であるという断定はできなかった。

この点について、北京近郊の「上洞人《じょうどう》」、中国南部の「柳江人《りゅうこう》」、四川省の「資陽人《しよう》」、フィリピンの「タボン人」、マレーシアの「ニア人」などを詳細に研究し、『日本人のルーツ探索マップ』（平凡社）を上梓した道方しのぶ氏は、「日本には、顔立ちや体つきの異なるいろいろな人種が、さまざまな時代に大陸からやってきた。しかし、彼らの血が日本列島全体に大きく影響するほどの規模ではなかった」と解説。前出の篠田氏は、「縄文人の起源は大陸の南北の広い地域と考えるのが合理的で、ルーツは想像以上に複雑」と述べている。

日本人の祖先である縄文人は、南方から、あるいは大陸南部からといった一方向からやって来たのではなく、複雑な経路を辿って日本列島にやって来ていたのだ。

日本人のルーツはバイカル湖にあった!?

「南方渡来説」「大陸渡来説」がほぼ否定された後、学界で主流となったのが、本項冒頭の現在の教科書でも説明している「二重構造モデル」という仮説である。日本人の先祖(基層集団)は東南アジアを起源とする縄文人であるとしたうえで、弥生時代以降に北東アジアからやってきた渡来系集団との混血によって日本人が形成されていき、混血の度合いによってアイヌ民族、本土日本人、琉球人の差が生じたとするものだ。しかし、この説に対して、国立科学博物館名誉研究員の馬場悠男《ひさお》氏は次のように述べている。

「この仮説は大筋では受け入れられているが、基層集団の起源が北東アジアではないかとの意見も強い」(『知恵蔵2015』朝日新聞出版)。

馬場氏のいう「北東アジア起源説」とは、血清の遺伝子免疫グロブリン(Gm遺伝子)の保有率を分析した大阪医科大学名誉教授・松本秀雄氏が提示した学説である。東・東南アジアのモンゴロイド(いわゆる黄色人種)130の民族集団から約2万人の血清試料を採取した同氏は、その結果から次のような推論を導き出した。

①モンゴロイドは、「南方系」と「北方系」に大別される。

②日本人は、アイヌ民族、琉球人も含めてほぼすべて北方系で、南方系との混血率は7～8パーセントに過ぎない。
③アイヌ民族、琉球人は、本土日本人よりも北方系Gm遺伝子の保有率が高い。
④北方系Gm遺伝子の保有頻度は、バイカル地域で最も高い。よってその起源はバイカル地域にある可能性が最も高い。

驚くべきことに、アイヌ民族や琉球人を含むほぼすべての日本人の起源はバイカル湖周辺にあると思われ、地理的に南方に住む琉球人は本土日本人よりも北方系モンゴロイドであることを示しているというのだ。

また、前出の篠田氏が日本DNAデータバンクに登録されている縄文人29体のミトコンドリアDNAの塩基配列を分析したところ、29体のうち17体がバイカル湖付近に暮らすブリヤート人の系統に近いことがわかっている。

さらに、これらの説が発表される以前、考古学の見地から旧石器時代の日本で使用されていた細石刃石器の研究を重ねていた元千葉大学教授の加藤晋平氏は、「(1万2千年前～1万3千年前に)東日本を覆ったクサビ形細石核をもつ細石刃文化を担った人類集団の技術伝統は、バイカル湖周辺から拡散してきたものである」(『日本人はどこから来たか―東アジアの旧石器文化―』岩波書店）と結論づけていた。松本氏の「北方起源説」を示す研究成果に触れた加藤氏は「恐ろしいほどの一致といわざると得ない」と述べている。

一方、現代人を対象に男性だけが持つY染色体を調査したアメリカ・アリゾナ大学のマイケル・ハマー氏は、世界60の地域から２５００人のサンプルを採取・研究した結果、韓国人や中国人がほとんど持っていない日本人特有のY染色体を、チベット人の約50パーセントが保有していたことを突き止め、縄文人の祖先は約５万年前にチベットにいた民族であり、彼らは朝鮮半島を経由せずに北方ルートを辿って北海道に到着したのではないかとの推論を発表している。

このように、近年では北方ルート説が主流になりつつあるものの、日本人のルーツにまつわる議論は、まだまだ続きそうである。

おしゃれや酒を楽しんでいた

30年前の教科書

（縄文人の）生活の基盤は，先土器時代と同じく狩猟・漁撈・採集の段階にとどまっていたが，その技術ははるかに進歩した。

現在の教科書

（縄文時代には）クリ林の管理・増殖《ぞうしょく》，ヤマイモなどの保護・増殖，さらにマメ類・エゴマ・ヒョウタンなどの栽培もおこなわれたらしい。

縄文時代の常識を覆した三内丸山遺跡

30年前の教科書は、人々が土器をつくりはじめる以前の時代を「先土器時代」（現在は「旧石器時代」）、縄文式土器が登場したものの「狩猟・漁撈《ぎょろう》・採集」の生活に留まった時代を「縄文時代」、農耕がはじめられ、弥生式土器が登場した時代を「弥生時代」と説明していた。ところが、今日では右記のように、すでに縄文時代には、野菜の増殖やマメ類等の栽培といった「農耕」が行われていたことが確実となっている。１９９２（平成４）年に開始された「三内丸山遺跡《さんないまるやまいせき》」の発掘調査によって、これまでの常識を覆す縄文人の豊かな暮らしぶりが明らかになったのだ。

青森県青森市、ＪＲ青森駅の南東約3キロメートルのなだらかな台地に位置する三内丸山遺跡は、江戸時代から土偶などが出土する場所として知られていた。その全容が、県営野球場建設工事に先立つ事前調査によって次々に判明していったのである。

人々をまず驚かせたのは、この遺跡の総面積が約40ヘクタール（東京ドーム約8個分）という巨大なものであり、約５５００年前から４０００年前までの約１５００年にもわたって縄文人が定住を続けたという事実であった。縄文人は少人数で群れをなし、食物を求めて移動しながら生活していたという定説が、完全に崩れたのである。

1994(平成6)年には、直径約1メートルものクリの巨木が発見され、この木柱を6本使った大型掘立柱建物《ほったてばしらたてもの》の存在が明らかとなった。腐食を防ぐために表面が焦がされた6本の木柱は、4・2メートル間隔、深さ2メートルに統一された柱穴に立てられていたことがわかっている。この巨大建造物は、祭壇、あるいは見張り台だったと考えられているが、ここに住んでいた縄文人たちの高度な土木技術がうかがえる。

また、遺跡の中心部には、最大で長さ約32メートル、幅約10メートル、床面積約280平方メートルという大型竪穴式住居が10棟建

▲特別史跡「三内丸山遺跡」内に復元された大型掘立柱建物(左)と大型竪穴式住居。

てられていたことが判明。こちらの用途に関しては、集会所、共同作業所、共同住宅などの説がある。

その他、三内丸山遺跡では、掘立柱建物跡約１００棟、竪穴式住居跡約５００軒、子供用の墓（土坑墓）約８８０基、大人用の墓約１００基、貯蔵穴、ゴミ捨て場、硬い土によって舗装された幅約12メートルの道路跡などが見つかっており、最盛期には５００人ほどが暮らしていたと考えられている。

縄文人は酒を飲んでいた！

三内丸山遺跡からは、一年草の栽培植物であるエゴマ、ヒョウタン、ゴボウ、マメ類などその種子が出土しているだけでなく、ＤＮＡ分析によってクリの栽培が明らかとなった。野生のクリの中から、甘くて大きな実をつける樹を選別し、その堅果を集落周辺に蒔《ま》いて栽培。それ以外の樹は建材用などに使用していたとの説が有力だ。

集落のゴミ捨て場跡からは、アジ、サバ、イワシ、マグロ、メカジキ、ニシン、ヒラメ、サメ、フグ、タコ、イカ、シャコ、カニ、ウニ、アサリ、ハマグリといった50種類以上の

1章　先史
2章　古代
3章　中世
4章　近世・近代

魚介類の骨などが発見されており、そのうちの約5パーセントを占めるヒラメは30〜50センチの骨がきれいに残されていることから、三枚におろして食べていたとの見方もある。哺乳類は、他の縄文遺跡に比べてシカやイノシシの割合が少なく、ムササビとノウサギが75パーセントを占めている。アシカやオットセイ、クジラといった海生哺乳類や、カモ、ガン、ウ、キジなどの鳥類も食べていた。

さらに、現在は主に薬用に使われるエゾニワトコを中心に、サルナシ、ヤマグワ、ヤマブドウ、キイチゴなどの種子がまとまって大量に出土し、同じ場所から発酵した果実に群がるおびただしい数のショウジョウバエの仲間のサナギが発見されたことから、三内丸山遺跡では果実酒がつくられていたことがほぼ確実となっている。

クリやクルミといったナッツ類、ゴボウやマメ、豊富な魚介類や肉をつまみに、縄文人が酒を飲んでいた可能性が浮上したのだ。

これは三内丸山遺跡に限ったことではなく、2001(平成13)年には新潟県の分谷内《わけやち》A遺跡で出土した縄文時代後期(約4000年前)の水差し型の漆器から、ニワトコ、タラノキ、サルナシなどの種実が見つかり、果実酒をベースとした飲料が入っていた可能性が高いことが判明した。容器に入った状態で縄文時代の種実が見つかったのは初めてのことである。

このように、これまでに考えられなかったほど豊かな食生活を送っていたと思われる縄文人たちは、おしゃれにも気を使っていたようだ。三内丸山遺跡からは、動物の骨や貝殻、ヒスイやコハクなどでつくられた耳飾り、ペンダント、ヘアピン、腕輪など、さまざまな装飾品が発見されている。

これらの装飾品の素材となったヒスイは、三内丸山遺跡から約500キロメートル離れた新潟県糸魚川市周辺から、石槍などに使われた黒曜石は、北海道や秋田県、山形県の他、約580キロメートルも離れた長野県から運ばれたものも存在した。縄文時代に生きた人々は、遠方の集落とのかなり広域な交易関係を結んでいたようだ。今後の発掘調査によって、さらに驚くべき縄文人たちの暮らしぶりが明らかになるかもしれない。

コラム

考古学界を揺るがした旧石器捏造事件

2000(平成12)年11月5日、毎日新聞のスクープ記事が社会を震撼《しんかん》させた。日本における旧石器時代のそれまでの学説を根底から覆す〝新発見〟に次々とかかわり、その驚異的な発見効率から〝ゴッドハンド〟の異名で呼ばれ、アマチュアでありながら考古学界でも一目置かれる存在だったS・F氏のこれまでの業績が、ほとんど「捏造《ねつぞう》」であったと報じられたのである。

F氏が〝新発見〟をするまで、日本には「後期旧石器時代」(約3万5000年前〜約1万5000年前)は存在したが、それ以前の前期・中期旧石器時代は存在しなかったというのが考古学の通説であった。それをF氏は、3万5000年前から数十万年前の地層から次々と石器を〝発見〟し、日本にも前期および中期の旧石器時代が存在したということを〝証明〟してみせ、通説を塗り替えた人物として注目を集めていたのである。

1950(昭和25)年、宮城県に生まれたF氏は、高校卒業後、計器メーカーに工員として就職。考古学に興味を持ち、1973(昭和48)年には共著ながら「宮城県古川市馬場壇発見の文字瓦」という資料を「みちのく考古学研究会」の雑誌『遮光器』に発表。翌年からは宮城県中北部を流れる江合川《えあいがわ》流域で石器などの調査をはじめ、1975(昭和50)年には仲間たちと「石器文化談話会」を結成した。さらに、1992(平成4)年に民間団体「東北旧石器文化研究所」の設立に参加し、「捏造」行為が新聞にスクープされた時には、特定非営利活動法人に認定された同研究所の副理事長となっていた。

25年間で180ヵ所にもおよんだF氏の手口は、次のようなものだったという。日本でもよく出土する後期旧石器時代、または縄文時代の石器を用意し、前期・中期旧石器時代と思われる地層にあらかじめ埋めておき、それを周囲に人がいる状況のなかで〝発見〟してみせるのである。さらに、F氏は2000(平成12)年2月、小鹿坂《おがさか》遺跡(埼玉県秩父市)における50万年前の旧石器と住居跡を〝発見〟。「北京原人よりさらに年代をさかのぼる世界最古の、しかも原人は洞窟で生活していたという定説を覆す人類史上の大発見」として大騒ぎとなった。しかし、その9ヵ月後、新聞の「捏造」スクープによってF氏の名誉は地に堕ちる。F氏の捏造を見抜けず、そのまま前期・中期の旧石器と認定した大学や博物館などに所属する考古学プロフェッショナルたちの責任も問われることになった。

こうしてF氏の成果をもとに築かれた日本の前期・中期旧石器の研究は全て瓦解し、F氏が副理事長を務めていた「東北旧石器文化研究所」は、2004(平成16)年1月、解散に至ったのである。

稲作の起源

縄文時代にはじまっていた

30年前の教科書

日本列島で数千年にわたって縄文文化がつづいている間，中国大陸では，紀元前5000～4000年ころ，黄《こう》河《が》中流域で畑作がおこり，長江《ちょうこう》（揚子江《ようすこう》）下流域でも稲作がはじまり農耕社会が成立した。

現在の教科書

日本列島で1万年余りも縄文文化が続いているあいだに，中国大陸では紀元前6500～5500年頃，北の黄《こう》河《が》中流域でアワやキビなどの農耕《のうこう》がおこり，南の長江《ちょうこう》（揚子江《ようすこう》）下流域でも稲作が始まり……

1500年さかのぼった稲作の起源

1977(昭和52)年、京都大学教授であった渡部忠世《わたなべただよ》氏は、緻密な実証的研究の結果、古代のイネの伝播路の原点がインド東北部のアッサム地方と、それに隣接する中国雲南省の高地に絞られたと発表した。渡部氏の研究は、古代の建物の煉瓦《れんが》などに含まれている籾《もみ》殻《がら》の長さなどをもとに推測したものだったが、当時としては非常に説得力があるものとして受け入れられた。この発見を受け、イネの起源地はインドと中国にまたがるアッサム地方と雲南省エリアであるというのが世界的な定説となったのである。

その後、総合地球環境学研究所名誉教授の佐藤洋一郎氏や、稲作は焼畑農業ではなくサトイモなどの根菜栽培を起源とする株分けから生まれたとの説を展開した池橋宏氏などによって行われたイネ遺伝子研究の発展により、アッサム・雲南起源説は否定され、「黄河文明」よりも古いとされる「長江文明」の遺跡に稲作の痕跡が残されていることがわかった。以降、稲作の起源は長江流域と見なされるようになったのである。

今からおよそ7000年前の新石器時代の遺構とみられる河姆渡《かぼと》遺跡(浙江省)からは、大量の炭化米や肩甲骨でつくられた鋤《すき》に似た道具などが、それよりも古い時代とされる彭頭山《ほうとうざん》遺跡（湖南省）からも籾殻が発見されている。

1996（平成8）年の「長江文明」の発見に貢献した国際日本文化研究センター名誉教授の安田喜憲《よしのり》氏は、稲作の起源は少なくとも8600年前まで遡《さかのぼ》れるとしたが、その見解を裏付けるように、2005（平成17）年、長江下流域の上山遺跡（浙江省）から出土した1万年前の土器の中から世界最古と推定される栽培イネの籾殻が発見され、少なくとも8000年前には長江の流域で稲作が始まっていたことが確認され、稲作の起源の定説はさらに修正されることになったのである。

日本の稲作開始は約6000年前

大陸における稲作の起源が大きく修正されたことにより、日本における稲作の歴史も見直されている。

日本列島における稲作の始まりは、登呂《とろ》遺跡（静岡市）などの調査から弥生時代というのが定説だった。しかし、日本の縄文時代の遺跡からもイネのプラント・オパール（植物の細胞組織につくられるケイ酸体）が発見されたことにより、およそ3000年前の日本で「熱帯ジャポニカ」という陸稲《りくとう》による稲作が始まっていたことが確認された。さらに2005年には、約6000年前とみられる彦崎貝塚（岡山市）の地層からイネのプラント・オパールが大量に発見され、日本でも縄文時代前期には稲作が始まっていたことが有力視されているのだ。

日本への伝播ルートに関しては、長江下流域から直接九州北部に伝えられたとする「対馬暖流ルート」、長江の南部（江南）から南西諸島を経て九州南部に伝来したとする「南方伝来ルート（黒潮ルート）」、長江下流域から遼東《リャオトン》半島または山東《シャントン》半島から朝鮮半島を経由して九州北部に伝わったとする「朝鮮半島ルート」などが唱えられている。以前は「朝鮮半島ルート」が有力視されていたが、近年では長江下流域から直接九州に伝わったとされる説が支持されるようになった。

日本で栽培されている温帯ジャポニカ種にはRM1-aからRM1-hまで8種類のDNA型が存在するのだが、長江流域のイネではそのすべてが確認されているにもかかわらず、朝鮮半島のイネからはRM1-bという一種がどうしても発見されないというのが、その根拠となっているのである。

有力視される奈良県・纒向遺跡

30年前の教科書

邪馬台国の位置については，畿内説と九州説とがある。

現在の教科書

邪馬台国の所在地については，これを近畿地方の大和に求める説と，九州北部に求める説とがある。(脚注)奈良県の纒向《まきむく》遺跡では，2009（平成21）年に3世紀前半頃の整然と配置された大型建造物が発見され，邪馬台国との関係で注目されている。

『魏志倭人伝』に記された邪馬台国の姿

2～3世紀に存在した〝日本最古の統一王朝〟とされる邪馬台《やまたい》国の所在地は、右ページの歴史教科書が説明するように、古来、畿内説と九州説とが有力とされてきた。そして近年、現在の教科書に追加された脚注の記述にあるように、纒向遺跡（奈良県桜井市）の存在が大きくクローズアップされているのである。

『魏志《ぎし》倭人伝《わじんでん》』の通称で知られる中国の史書『三国志』のなかの「魏書」30巻にある「東夷伝《とういでん》倭人条《わじんのじょう》」には、邪馬台国について次のように記されている。

「（邪馬台国は）もとは男を王としていた。男が王となっていたのは七、八十年間であったが国は乱れて、攻め合いが何年も続いた。そこでついに、一人の女性を選んで女王とし、卑弥呼《ひめこ》と名づけた。神霊に通じた巫女《みこ》で、神託により国を治め、人々を心服させた。年をとっても夫を持たず、弟がいてまつりごとを補佐した。女王の位についてからの卑弥呼に、直接会った人は極めて少ない。侍女千人をかしずかせていた。ただ一人の男が食事の世話をし、内外の取りつぎ役として奥部屋に出入りしていた。居室や宮殿・物見台・砦をいかめしく造り、常に警備の者が武器を持って守っていた」（『倭国伝 中国正史に描かれた日本』

全訳注 藤堂明保・竹田晃・影山輝國／講談社）。（※卑弥呼の読み方については、「ひみこ」「ひめこ」と2つの説がある）

また、同書には「男たちは、大人も子供もみな、顔や体に模様の刺青《いれずみ》をしている」「着物は、ひと幅の布をそのまま横に巻き、紐で結んでつなげるだけで、ほとんど縫うことがない」「父子・男女の差別はない」「人々は酒が好きである」「人々は寿命が長く、ある人は百歳、ある人は八、九十歳までも生きる」「追剥《おいはぎ》やこそ泥がなく、争いごとも少ない」（前掲書）……など、邪馬台国の風俗や生活などについてこと細かく説明している。その一方、同書に記された邪馬台国までの行程に不明な部分があるため、「邪馬台国はどこにあったのか？」という問題が、現在に至っても解明できずにいるのだ。

邪馬台国までの行程では九州説に軍配

「東夷伝倭人条」には、朝鮮半島中西部の帯方郡《たいほうぐん》（ソウル周辺）から邪馬台国までの行程が、およそ次のように記されている。

① 帯方郡から海岸沿に船で韓の国々を通り、南へ行ったり東に行ったりしながら狗邪韓《くや》

国（韓国・金海《きめ》市付近）に至る。ここまでの距離は七千里余り。
②狗邪韓国から海を千里余り渡ると対馬国に至る。
③対馬国から南へ千里余り海を渡ると一支国（壱岐国）に至る。
④一支国から千里余り海を渡ると末盧《まつら》国（佐賀県唐津市周辺）に至る。
⑤末盧国から東南に陸路を五百里進むと伊都《いと》国（福岡県糸島市付近）に至る。
⑥伊都国から東南へ百里進むと奴《な》国（福岡県福岡市付近）に至る。
⑦奴国から東へ百里進むと不弥《ふみ》国（福岡県糟屋《かすや》郡宇美《うみ》町付近）に至る。
⑧不弥国から船で南方へ二十日間進むと投馬《とうま》国に至る。
⑨投馬国から南へ進むと邪馬台国に至る。船では十日、陸路では一月（水行十日、陸行一月）かかる。

右に記した行程のうち、①の狗邪韓国から⑦の不弥国までは（ ）内に示した地域でほぼ異論はないのだが、⑧に登場する投馬国の位置についての議論が分かれている。その理由としては、①から⑦までは距離で記されているのに、不弥国から投馬国、投馬国から邪馬台国までは距離でなく日数で記されていること、投馬国から邪馬台国までの距離を示す「水行十日、陸行一月」の解釈が「船で10日進み、さらに、陸路を一ヵ月進む」とも取れることなどが挙げられる。

それでも、九州説を主張する学者たちは、福岡県糟屋郡付近と考えられる不弥国から投馬国は「南」に位置し、邪馬台国は投馬国のさらに「南」と記されている以上、邪馬台国が畿内にあったことはあり得ないとする。九州説における投馬国は、福岡県八女《やめ》郡、三潴《みずま》郡、宮崎県西都《さいと》市などの九州各地、あるいは五島列島であったとも考えられている。

これに対して畿内説は、当時の中国では日本列島が東西にではなく南北に長く延びていると思われており、倭人伝の編者は本来は東であるところを南と書き違えてしまったのだという。実際、同時代の中国の地図には、日本列島を南北に長く描いたものがあるというのが、その根拠である。畿内説で投馬国と考えられているのは、山口県防府市、広島県福山市、島根県出雲市、兵庫県但馬《たじま》市などである。

ふたつの説を代表する「吉野ヶ里遺跡」と「纒向遺跡」

それでは、邪馬台国は具体的にどこにあったのだろうか。

九州説のなかで有力視されているのが、佐賀県神埼市と神埼《かんざき》郡吉野ヶ里《よしのがり》町にまたがる吉野ヶ里遺跡だ。この遺跡からは、1986(昭和61)年にはじめられた発掘調査の結果、大規模な環濠《かんごう》集落跡、城柵跡、高さ8メートルと推定される物見櫓《ものみやぐら》跡などが発見され、その構造が前述した「東夷伝倭人条」にある邪馬台国の「居室や宮殿・物見台・砦をいかめしく造り……」を彷彿させるとして話題を呼んだのだ。また、内壕の外側からは歴代の王が葬られたとみられる大規模な墳丘墓が確認されている。奈良大学名誉教授の水野正好氏は、物見櫓跡は門だった可能性があり、城柵も推定に過ぎないとしながらも、「遺跡の構造や遺物から、吉野ヶ里遺跡を倭国王の王都、つまり女王卑弥呼の宮都とする見解が流布している」(『日本大百科全書』小学館)と述べている。

▲吉野ヶ里遺跡に再現された物見櫓(左)と支配者層の住まい。

一方、畿内説で最有力とされるのが、奈良県桜井市の北部に位置する纒向《まきむく》遺跡である。２００９（平成21）年、桜井市教育委員会はこの遺跡から、柵列で囲まれ、東西に整然と並べられた3棟の建造物の存在を確認。最大面積が２３８平方メートルに達するこれらの建造物は、邪馬台国の女王・卑弥呼の時代と同じ3世紀前半に建てられたとみられている。纒向遺跡ではこの以前に、祭殿を思わせる大型の建物も発見されており、２００９年に発見された3棟はそれと同じ方向を向いていた。

これらの発見から帝塚山大学教授の宇野隆夫氏は、「纒向遺跡は、邪馬台国の王都の有力候補であり、調査した地区はその中枢部と推定される。中国の史書『三国志』の魏志倭人伝に記録される卑弥呼の宮室の一角である可能性をもつ」（『情報・知識 imidas ２０１５』集英社）と解説。また、纒向遺跡内の3世紀中頃の穴から、モモ・ウリ・アサ・コウゾなどの植物遺体や、タイ・アジ・イワシ・サバなどの魚骨、シカ・イノシシなどの獣骨などが大量に見つかったことを指摘し、これらは「卑弥呼の王宮に供献されたものである可能性が高いとされる」（前掲書）と述べている。

桜井市教育委員会は２００７（平成19）年に、纒向遺跡から3世紀前半のものとみられる日本最古の木製仮面を発見した。アカガシでつくられた縦26センチ、横21・５センチのこの仮面は祭祀に使用されたものと思われ、当時の纏向で何らかの宗教的儀式が行われていたことをうかがわせる。この発見を「神霊に通じた巫女で、神託により国を治め、人々を心服させた」という卑弥呼に関連づける見方は少なくない。

さらに、纏向遺跡から出土した3世紀前半とされる日本最古のベニバナの花粉も、この地が邪馬台国であったことを示す証左のひとつと考えられている。エジプトあるいは西アジアを原産とするベニバナは、中国経由で日本に伝わったとされ、日本には自生しない植物だ。ベニバナ花粉の発見は、3世紀前半の纏向が中国と接触していたことを強く示唆するのである。

纏向遺跡に所在する日本最古級の古墳についての発見もあった。纏向には、箸墓《はしはか》古墳、纏向石塚古墳、矢塚古墳などがあるのだが、これらは宮内庁の指定陵墓として管理されているために立ち入りが禁じられていた。そこで2008(平成20)年に国立歴史民俗博物館が、箸墓古墳の溝などから出土した土器の分析測定を行ったところ、それらがつくられた時期が240~260年の間という結果が出たのである。これは、卑弥呼の没年と推定される250年頃と完全に合致する。果たして、箸墓古墳は卑弥呼の墓なのだろうか。今後の本格的な立ち入り調査が期待されている。

青銅器祭器の謎

銅鐸はなぜ埋められたのか

30年前の教科書

九州北部にある弥生中期の共同墓地では，特定の甕棺《かめかん》墓《ぼ》から中国製の銅鏡・銅剣・銅鉾《どうほこ》など多くの副葬品が発見されており，この地方に大陸と交通し，豊かな財宝を所持する特権的な首長が出現したことを物語っている。

現在の教科書

（銅鐸《どうたく》や銅剣《どうけん》・銅矛《どうほこ》・銅戈《どうか》などの）青銅製祭器は，個人の墓に埋められることはほとんどなく，集落の人びとの共同の祭に用いられる祭器であった。

青銅器文化と鉄器文化が同時に伝来した日本

青銅とは、銅を主成分とし、それに錫《すず》を加えた銅合金である。紀元前3600年頃、初期のメソポタミア文明で発明され、それが各地に拡散していったと考えられている。この合金でつくられた青銅器が日本に伝えられたのは、紀元前4～3世紀頃だとされる。

ヨーロッパや中国大陸では、石器時代、銅器時代、青銅器時代を経て、鉄器時代に移るというプロセスが踏まれてきた。これに対して、青銅器と鉄器がほぼ同時期に伝来した日本には、青銅器時代が存在しないことが大きな特徴である。

右ページの30年前の教科書にある銅鏡・銅剣・銅鉾（銅矛、両刃の剣に柄を付けた刺突のための武器）、さらに銅戈（柄に対して刃をほぼ直角に装着する武器）は、中国大陸でつくられたものが日本に持ち込まれたものの、銅鏡以外は実用に使用されることはほとんどなく、その一部は弥生時代前期から中期の九州北部に見られる甕棺墓《かめかんぼ》（甕や壺を棺として埋葬する墓）から副葬品として発見されている。

その一方、時代が下って国産されるようになった銅剣、銅矛、銅戈、そして銅鐸は、現在の教科書にある記述のように、副葬されることはほとんどなかった。日本における青銅器は宝器や祭器として独自の発展を遂げ、次第に大型化していったのだ。その最も顕著な例が銅鐸である。銅鐸の起源とされ、日本にも持ち込まれた「朝鮮型小銅鐸」は10〜15センチであったが、1世紀頃には60センチを超え、2世紀には1メートル以上にまで大型化した。現存する日本最大の銅鐸は、1881（明治14）年に滋賀県野洲市の山中で発見されたもので、その高さは134・7センチ、重さ45・5キロに達する。

故意に埋められた〝謎の青銅器〟銅鐸

紀元前200年頃から約400年にわたって使用された銅鐸は、古墳時代の到来と時を同じくして突然のように姿を消してしまった。平安時代に成立した『扶桑略記《ふそうりゃくき》』には、668（天智天皇7）年に滋賀里・崇福寺《すうふくじ》（滋賀県大津市）を建立した際、五尺五寸（約166センチ）もの銅鐸が発見されたと記されているが、それが何であるかまったくわからなかったという。そして現在も、銅鐸を「祭器の一種」とする見方に異論はないものの、用途については不明なままなのである。

また、現在までに500以上の銅鐸が発見されているのだが、それらの大半は単体であり、銅剣や銅矛などが出土する遺跡から少し離れた場所のごく浅い土中に埋められていた。果たして、弥生時代の人々は、どのような意図で銅鐸をそのような場所の地中に埋めたのだろうか。

この疑問については、①雨乞いや豊作などを祈って大地に捧げたという「祭祀説」②祭事の時だけに取り出して普段は土中に保管していたという「保管説」③他者に奪われないように隠していたという「隠匿説」④何らかの事情によって捨てたという「廃棄説」⑤邪悪な者の侵入を防ぐために境界に埋めたという「境界埋納説」などが唱えられているが、いずれも定説には至っていない。

そんななか、1984（昭和59）年に荒神谷《こうじんだに》遺跡（島根県出雲市）から358本もの銅剣が出土し、その翌年にはそこから約7メートル離れた地点から銅矛16本と銅鐸6個が見つかった。銅鐸と銅矛が同じ場所から出土したのは全国で初めての例である。

これまでのパターンを大きく覆すこの大発見は、銅鐸の謎を解く手がかりになるのだろうか。

コラム

疑いを晴らした？ 江戸時代に発見された「金印」

江戸時代後期の1784（天明4）年、福岡県の志賀島で発見された「金印」は、「漢委奴国王《かんのわのなのこくおう》」という印文から、『後漢書』の「東夷伝《とういでん》」に記された、57（垂仁天皇86）年に倭の奴国王が後漢に朝貢した際に光武帝から下賜《かし》された「倭奴国王印」だと考えられ、1954（昭和29）年に国宝に指定された。しかし、そんな「金印」の真贋を問う声が後を絶たない。たとえば、『金印偽造事件「漢委奴國王」のまぼろし』（幻冬舎）を著した千葉大学名誉教授の三浦佑之《すけゆき》氏は、主に発見の経緯についての疑問を呈している。

「金印」を最初に鑑定したのは、儒医の亀井南冥《なんめい》という人物である。発見した農夫が亀井を指名したからだというが、当時の亀井は福岡藩の藩校の学長に任命されたばかりで、朱子学者として福岡藩に代々仕える竹田家に対する激しい対抗意識を燃やしていた。そんな亀井が何らかの〝功績〟を必要としていた時、降ってわいたように〝お宝〟が発見されたのだ。「金印」を世に紹介した人物として名声を得た亀井は、なぜかある時期から口をつぐみ、息子にも口封じをしたという。こうした状況証拠から贋作説が浮上したのだが、金の含有量が同時代のものとほぼ一致する、一辺の長さが漢代の1寸に適合する、などといった理由から、現在は真印説が学界の主流となっている。

2章 古代

古墳／飛鳥／奈良／平安時代

	年代		出来事
P80	**350年頃**		**ヤマト政権成立**
P84	**391**	仁徳 79	**倭・高句麗戦争**
	538	宣化 3	仏教伝来
P90	**593**	推古元	**厩戸皇子が摂政となる**
	604	推古 12	憲法十七条成立
	607	推古 15	法隆寺建立 遣隋使派遣
P98	**645**	大化元	**乙巳の変** **大化の改新**
P114	**672**	天武元	**壬申の乱**
	694	持統 8	藤原京遷都
	701	大宝元	大宝律令
P106	**708**	和銅元	**和同開珎　発行**
	710	和銅 3	平城京遷都
P120	**712**	和銅 5	**古事記成立**
	720	養老 4	日本書紀成立
P124	**781**	天応元	**桓武天皇即位**
	794	延暦 13	平安京遷都
P138	**1159**	平治元	**平治の乱**
	1167	仁安 2	平清盛が太政大臣に就任
	1185	元暦 2	**壇ノ浦の戦い**
P146	**1189**	文治 5	**源義経死去**

「大和」から「ヤマト」へ

「ヤマト政権」に変わったワケ

30年前の教科書

大きな古墳の集中している大和を中心とした畿内の豪族たちが，連合して大和政権をつくり，4世紀半ばすぎには，九州北部から中部地方にかけての地域にその勢力をおよぼしていったものと考えられる。

現在の教科書

古墳の中でもっとも規模が大きいものは，奈良県（大和）にみられ，この時期大和地方を中心とする政治連合をヤマト政権という。古墳は遅くとも4世紀の中頃までに東北地方中部にまで波及したが，これも東日本の広大な地域がヤマト政権に組み込まれたことを示している。

7世紀以前には使用されなかった「大和」

30年前の教科書には「大和政権」、現在の教科書には「ヤマト政権」と表記されているのは、奈良県を中心とした大和地方および大阪府東部・南西部にあたる河内地方を支配していた豪族たちの連合政権のことである。

この政権は「大王《おおきみ》」と呼ばれた首長を盟主とし、4世紀頃に成立。4世紀中頃には西日本を統一し、その後、東日本にも勢力を拡大して7世紀の中頃には律令国家「大和朝廷」へと発展していった。

以前はこの政権を「大和朝廷」と呼んだ時代もあったが、「朝廷」と呼べるのは国家機能が整った統一国家という原則にのっとり、律令国家となった645(大化元)年の「大化改新」を境として、それ以前を「政権」、以降を「朝廷」と呼ぶようになっている。

〝やまと〟の表記が以前の「大和」から現在の「ヤマト」に変更されたのは、7世紀以前の文献や金石文、木簡などに「大和」という漢字表記が一切見られないことが大きな理由となっている。

7世紀以前には「倭」「大倭」「大養徳」などを「やまと」と読ませることもあり、その表記は定まっていなかった。また、國學院大學歴史学博士の関和彦氏は邪馬台国についても「邪馬台は正式には『やまと』と読む」（『日本大百科全書』小学館）と述べている。これらと区別するためにも、7世紀以前の政権を示す場合の「やまと」は、漢字表記ではなく音のみを表すカタカナ表記が適切であると判断されたのだ。

その後、表記が「大和」に統一されたのは757（天平宝字元）年頃で、同年に発布された「養老律令《ようろうりつりょう》」が「大和」という表記の普及に大きな役割を果たしたといわれている。

「倭国」という呼び名を拒絶したヤマト政権

日本列島で勢力を拡大していたヤマト政権は、自国を「ヤマト」と称していたと考えられている。その一方、中国や朝鮮では太古から日本のことを「倭国《わこく》」と呼び続けていたため、4世紀初頭から5世紀初頭にかけ、東晋《とうしん》から梁《りょう》に至る中国の歴代王朝に朝貢したとされる「倭の五王」（讃《さん》・珍《ちん》・済《せい》・興《こう》・武《ぶ》）は、自らを「倭国王」と称していた。「倭」という漢字には〝属国〟という意味があり、大陸内の小国にもその使用例があることから、もともとは固有名詞ではなかった可能性がある。そうなると「倭」という呼び名は、それを「やまと」と読ませたとしても「ヤマト政権」にとっては屈辱的な呼び名であったのかもしれない。

ヤマト政権が中国や朝鮮の使う「倭」という呼び名を好ましく思っていなかったことは次の出来事からもうかがえる。607（推古15）年、厩戸皇子《うまやどのおうじ》（聖徳太子）は「倭の五王」からおよそ120年ぶりに使者を派遣して隋との国交を再開させるが、その国書には「日出づる処の天子、書を日没する処の天子に致す」という文言が記されていた。以降、ヤマト政権が使うことになる「日本」という新たな国号について、中国側の記録『旧唐書《くとうじょ》』の「東夷《とうい》伝」は、「日本国は倭国の別種なり。其の国、日の辺に在るを以ての故に、日本を以て名と為す」と記し、その理由を「倭国自ら其の名の雅《みやび》ならざるを悪《にく》み、改めて日本と為す」と説明している。

ヤマト政権の権力者たちは、中国や朝鮮の使う「倭国」という呼び名を拒絶し、自ら決めた「日本」という新たな国号を示した。それはヤマト政権が大和朝廷となり、政治体制の整った一人前の国家となった自信の表れだったのである。

倭は百済と新羅を破ったのか?

30年前の教科書

「百残（百済）新羅は旧是《もとこれ》属民なり。由来朝貢す。而《しか》るに倭，辛卯《しんぼう》の年（391年）よりこのかた，海を渡りて百残□□□□□羅を破り，以って臣民と為《な》す」

現在の教科書

「百残《ひゃくざん》（百済）新羅は旧是《もとこれ》属民なり。由来《ゆらい》朝貢す。而《しか》るに倭，辛卯《しんぼう》の年（391年）よりこのかた，海を渡りて百残を破り新羅を□□し，以《もっ》って臣民と為《な》す」

※□□は判読不明部分。

高句麗王の石碑に刻まれた碑文の解釈

右に挙げた両時代の教科書の記述は、紀元前37〜668年にかけて朝鮮半島北中部に存在した古代王朝・高句麗の第19代国王・好太王《こうたいおう》の業績を称えた石碑（中国吉林省）に刻まれた碑文からの抜粋である。その内容は、4世紀後半に開始された倭国（日本）と高句麗との戦争にまつわるもので、両教科書の記述に注釈を加えてさらに読み下すと次のようになる。

「そもそも百済と新羅は高句麗の属国であり、朝貢していた。しかし、倭は391年に海を渡り、百済と□□□□魏を破り（現在の教科書では「百済を破り新羅を□□し）、臣民（支配される人民）にしてしまった」

この石碑は、好太王の死から2年後、414年に建立されたとされ、1880年まで発見されなかったこともあり、風化によって判読できない部分が多々ある。30年前と現在の教科書の□□の部分が変わっているのはその解釈の違いであろうが、『国史大辞典』（吉川弘文館）による該当部分の漢文は以下の通りである。

「由来朝貢而倭以辛卯年来渡□破百残□□新羅以為臣民」

□□の部分が変わっているものの両教科書の解釈は、「倭が□□を臣民とした」というものだが、朝鮮半島側の解釈はまったく異なり、主語が高句麗になっている。その大意は次の通りである。

「そもそも百済と新羅は高句麗の属国であり、朝貢していた。しかし、391年に倭がやってきたので、高句麗が海を渡って百済を破り、新羅を□□して臣民とした」(「高句麗が海を渡って倭を破った。百済は倭とともに新羅を攻めた」との解釈もある)

このように、朝鮮半島と日本側とでは解釈が正反対なのだが、歴史的事実として、百済と新羅が高句麗の属国であったことはないことなどから、この記述には高句麗側の誇張があったと考えられている。また、朝鮮半島側の「高句麗が海をわたって百済を破り」との解釈は不自然であり、古くから百済との深い関係を持つ日本が「百済を破り」とする現在の教科書の解釈も信じがたい部分である。

碑文に判読不可能な部分がある以上、これから先も真相は判明しそうにない。

「任那日本府」は実在したのか?

古代における日朝関係史で謎とされているのが、朝鮮半島南部に設置されていたという

「任那日本府《みまな》」の存在である。

7世紀以前の朝鮮半島は、高句麗・新羅・百済による「三国時代」として知られているが、実はもう一国、562年に新羅によって滅ぼされた「加羅《から》」（加耶《かや》）という国が存在した。「任那」とは加羅を指す日本名であり、1960年代に使用されていた日本の中学歴史教科書には、「任那と呼ばれた地には、大和朝廷が役所（日本府）をおいて、支配していた」（『日本と朝鮮半島2000年』NHK出版）と書かれていたという。また、30年前の歴史教科書にも、前掲の好太王碑文の引用後に次の記述がある。

「（碑文の記述は）大和政権が朝鮮半島の進んだ技術や鉄資源を獲得するために加羅《から》（任那）に進出し、そこを拠点として高句麗の勢力と対抗したことを示すものであろう」

一方、現在の教科書からは「任那」

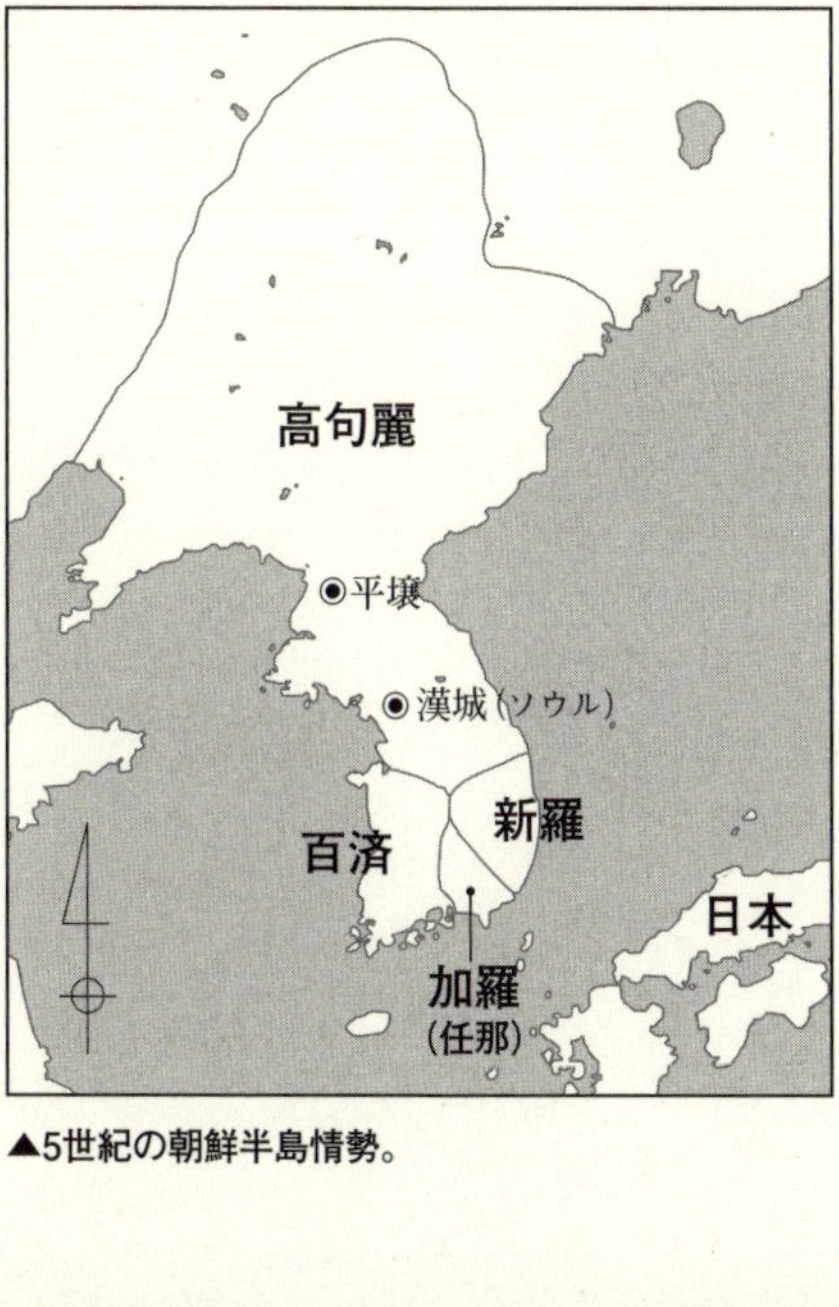

▲5世紀の朝鮮半島情勢。

の文字はまったく見られなくなっている。

任那について『日本書紀』の「神功紀」は「比自㶱《ひしほ》・南加羅《ありひしのから》・㖨国《とくのくに》・安羅《あら》・多羅《たら》・卓淳《とくじゅん》・加羅《から》」という7ヵ国の総称としており、「欽明紀」は「加羅・安羅・斯二岐《しにき》・多羅・卒麻《そつま》・古《こ》瑳《さ》・子他《こた》・散半下《さんはんげ》・乞飡《こつさん》・稔禮《にむれ》」の10ヵ国であるとする。そして「神功紀」の369（神功皇后49）年（神功皇后49年を249年とする説もある）の条には、日本が朝鮮半島に軍勢を派遣して新羅を討ち、百済との連合軍によって任那7ヵ国を平定し、以降の任那を直轄地にしたと書かれており、その拠点として置かれたのが日本府であったとする。

これに対して韓国高麗大学教授の金鉉球《キムヒョウグ》氏は、「（『日本書紀』の）記述をよく検討してみると、逆に、加耶を平定したのは百済ではないかと思われます。これにより、百済と倭が直接交渉できるルートが生まれたといえます」（『日本と朝鮮半島2000年』）とし、最大の敵を高句麗とする百済はその背後を固めるべく、中国南朝との関係を深めるとともに、倭との人的交流を深めていったという見解を述べている。

興味深いのは、倭・高句麗戦争の後、朝鮮半島南部に日本独特の形式とされる前方後円墳が築かれるようになったことである。

1991（平成3）年、韓国南西部の全羅南道に埋もれていた前方後円墳が発見されて以来、全長30～70メートルの同様の古墳が13基発見された。これらはすべて、5世紀後半から6世紀前半にかけてつくられたとみられている。これらの前方後円墳を誰が築いたのかについて東洋大学の森公章《きみゆき》教授は、「在地の豪族が、倭との関係を百済に示すためにつくったと考える説」「百済が敵対していた高句麗に倭との関係を示すために在地の豪族につくらせたという説」「百済がこの地域の豪族を支配下に収めるために倭人を派遣し、彼らが古墳をつくったという説」（前掲書）を紹介している。

一方、中国南朝の宋について書かれた歴史書『宋書《そうじょ》』には、４７８年に「倭の五王」のひとりである武が、宋の順帝に使者を遣わしたことが書かれている。この時、順帝は、宋への忠誠を誓いながら、高句麗の横暴を訴える倭の使者に対し、「詔《みことのり》をくだして武を、使持節・都督《ととく》倭新羅任那加羅秦韓慕韓六国《わしんらみまなからしんかんぼかんりっこく》諸軍事・安東大将軍・倭王に任命した」（『倭国伝 中国正史に描かれた日本』全訳注 藤堂明保・竹田晃・影山輝國／講談社）という。

この記述が事実であれば、武は宋の皇帝より、倭国および朝鮮半島南部の軍事的支配権を認められていたことになるのである。

実在しない聖徳太子

疑惑だらけの太子の功績

30年前の教科書

即位した女帝の推古天皇《すいこ》は，翌年，甥《おい》の聖徳太子《しょうとく》（厩戸皇子《うまやど》）を摂政《せっしょう》とし，国政を担当させた。

現在の教科書

敏達天皇《びだつ》の后であった推古天皇《すいこ》が新たに即位し，国際的緊張のもとで蘇我馬子や推古天皇の甥《おい》の厩戸王《うまやどおう》（聖徳太子《しょうとくたいし》）らが協力して国家組織の形成を進めた。

厩戸王の実像と聖徳太子の虚像

かつては単に「聖徳太子」であった歴史教科書の表記は、時を経て「聖徳太子（厩戸皇子）」となり、現在は「厩戸王（聖徳太子）」に変わっている。この変化は、720（養老4）年に成立したわが国最初の正史（正当であると国家的に認められた歴史書）『日本書紀』に記された太子の事績にまつわる数々の疑問が提示され、ついには「聖徳太子は存在しなかった」という「聖徳太子虚構説」までが登場したことによるものだ。

この虚構説は、『日本書紀』に登場する厩戸皇子《うまやどのおうじ》（厩戸王）は実在したが、輝かしい事績を残した聖徳太子という人物の存在は、後に創作されたフィクションであったという説である。従って現在の教科書では、実在したとされる厩戸王が太字となり、聖徳太子の名は（　）の中に収められることとなったのだろう。30年後の教科書からは、もしかすると「聖徳太子」という文字が消えているかもしれない。

厩戸皇子は、後の用明天皇とその后・穴穂部間人皇女《あなほべのはしひとのひめみこ》の間に生まれた。父と母はともに欽明天皇の子で、母を異にする異母兄妹である。しかも、両者の生母はともに蘇我稲目の娘（同母の姉妹）であるため、皇子は蘇我氏の血を非常に濃く受け継いでいた。

厩戸という名は、間人皇女が厩戸（馬小屋の戸）の前で産気づき、陣痛もなく赤子を産み落としたことに因むとされるが、近代日本における歴史学の先駆者と評される久米邦武氏は、1904（明治37）年に発表した『上宮太子実録《じょうぐうたいしじつろく》』のなかで、この誕生説話は後年に日本に伝えられた聖書にあるキリスト誕生のエピソードをヒントに創作されたものだと述べている。

一方、厩戸皇子の生年は確定していないが、午《うま》年であった574（敏達天皇3）年との説が有力であるため、干支《えと》に因んで名づけられたとの説もある。

ところが、中部大学名誉教授の大山誠一氏によれば、厩戸皇子について事実であると確認できるのは、①用明天皇と間人皇女の間に生まれた②生年が574年と思われる③601（推古9）年に斑鳩宮《いかるがのみや》を造営し、その後、斑鳩寺を建立した――という、たった3点しかないのだという。その他はすべて、真偽が疑われる「太子伝説」に過ぎないというのだ。

世に知られる太子伝説を振り返ってみる。

小さな仏舎利を握って誕生した太子は、その瞬間から言葉を発し、2歳になると釈迦入滅の日（2月15日）に東を向いて合掌しながら「南無仏」と唱えた。3歳の時、用明天皇が「桃の花と松葉のどちらが好きか？」と訊ねると、「美しい桃の花はすぐに散ってしまいます。

私は1000年生きる松が好きです」と答えたという。そんな太子は7歳にして推古天皇に『勝鬘経《しょうまんぎょう》』（大乗仏教の教典）を講義し、10人が同時に発した言葉を聞き分けられたことから、「豊聡耳《とよさとみみ》」と呼ばれた……。太子信仰のもととなったこのような伝説は、いうまでもなく後年に創作された説話であるとしか思えないのだ。

憲法17条を定めたのは聖徳太子だったのか？

一部の学者から「荒唐無稽」とも評される太子伝説の反面、『日本書紀』に記されている聖徳太子の事績を信じ続けている人は少なくない。現在の辞書、例えば『日本国語大辞典』（小学館）には、次のような記述が見られる。

「（聖徳太子は）推古天皇の摂政として蘇我馬子とともに内政・外交に尽力した。六〇三年、冠位十二階を、六〇四年、十七条憲法を制定した。六〇七年小野妹子を遣隋使として派遣して隋と国交を開き、先進国の文物を輸入した。また、仏教興隆につとめて、法隆寺、四天王寺を建立し、仏典の注釈として、勝鬘、維摩《ゆいま》、法華《ほっけ》の三経の『義疏《ぎしょ》』を著した」

ところが、太子の事績として名高い「冠位十二階」（12の冠位によって朝廷内の序列を示す最初の制度）は、そもそも『日本書紀』に「始めて冠位を行ふ」と書かれているだけで主語がなく、聖徳太子によるとは記されていない。専修大学教授の荒木敏夫氏は『日本大百科全書』（小学館）で「百済《くだら》の官位制を中心として高句麗《こうくり》の制を参照してつくられたとする見解が有力で、厩戸皇子（聖徳太子）の独創とする旧説は誤りである」と断言している。

また、日本最初の成文法とされる「十七条憲法」については、聖徳太子の事績とする定説に古くから異論が出されていた。『日本書紀』および平安時代初期に著された聖徳太子の伝記『上宮聖徳法王帝説《じょうぐうしょうとくほうおうていせつ》』を比較研究した江戸時代後期の考証学者・狩谷棭斎《かりやえきさい》が、「十七条憲法」は聖徳太子によるものではなく、日本書紀の作者が捏造《ねつぞう》したものだと指摘。明治から昭和初期を代表する歴史学者・津田左右吉《そうきち》氏は、１９３０（昭和５）年に発表した『日本上代史研究』において、「十七条憲法」は太子の作ではないと批判したところ、政府によって著書４冊を発売禁止処分とされ、早稲田大学教授を辞職させられている。

津田氏の論拠は、「憲法十七条」の十二条に記された「国司《こくし》（くにのみこともち）」という言葉（官職）は７０１（大宝元）年の「大宝律令」以降につくられたものであり、推古朝にはありえないとするものだった。この考察に異論を挟む余地はなく、明治大学教授の吉村武彦氏は「（「十七条憲法」が制定された）七世紀前半に『国司』の語が存在した可能性はほとんどない」（『聖徳太子』岩波書店）とし、早稲田大学教授の新川登亀男《しんかわときお》氏は「後の書き換えをうかがわせる」（『日本大百科全書』小学館）と述べている。ちなみに、津田氏は言論・出版の自由が保障された戦後の１９４９（昭和24）年、文化勲章を受章している。

こうした検証結果からか、30年前の教科書では「聖徳太子はまた、６０４年に憲法十七条を制定し、豪族たちに、国家の役人として政務にあたるうえでの心がまえを説くとともに、仏教をうやまうこと、国家の中心としての天皇に服従することを強調した」と説明されていたのが、現在の教科書では次のようになっている。

「６０３年に冠位十二階、翌６０４年には憲法十七条が定められた」——。

『日本書紀』と同様に、現在の教科書からは主語が省かれているのである。

聖徳太子はフィクションだった

聖徳太子の実在を示すとされる根拠に対する疑念は尽きない。前述の『日本国語大辞典』は６０７（推古天皇15）年に遣隋使を派遣して隋との国交を開いたと説明しているが、隋の正史『隋書』には６００年に倭の使者が到着したとの記述があり、現在はそれが定説となっている。

勝鬘、維摩、法華からなる『三経義疏』は、維摩のなかに太子よりも後代の杜正倫《とせいりん》が著した『百行章《ひゃくぎょうしょう》』からの引用があるとの指摘があり、法華についても、法隆寺に残る『東院資財帳』の記述から、法隆寺東院の建立に尽力した行信《ぎょうしん》が8世紀に捏造したものではないかとの説が有力だ。駒澤大学教授の大野達之助氏は『国史大辞典』（吉川弘文館）で、「古くから太子の著作とされてきたが、近年になってこれらは法隆寺に撰者不明のままに伝えられてきたものに、天平十九年（七四七）寺の資財帳提出の際に上宮王撰という撰号を付したものであるとする偽撰論が説かれた」と解説している。

さらに、聖徳太子の事績を最も詳細に記している『日本書紀』の記述から、長らく聖徳太子は摂政であったとされてきたが、摂政が職位として成立したのは858（天安2）年の藤原良房からである。また、『日本書紀』には、聖徳太子は593（推古天皇元）年に推古天皇の皇太子となったという記事があるが、当時の日本に立太子制度は存在せず、最初の立太子は697（持統天皇11）年の軽皇子《かるのみこ》なのだ。

前出の大山氏は『〈聖徳太子〉の誕生』（吉川弘文館）のなかで、「『日本書紀』の中には、聖徳太子のさまざまな事績が記されているのであるから、たとえ、そのうちの一つでも、歴史的事実と確認されれば、その時点で、聖徳太子の実在が証明されたということはできる。

しかし、私は、『日本書紀』の聖徳太子関係記事の中に、歴史的事実は存在しないと考える」と断定している。『聖徳太子はいなかった』（新潮社）を著した関西大学名誉教授の谷沢永一氏は、「聖徳太子は、この世に存在した人物ではない」「聖徳太子は要するにフィクションである」と結論づけているのである。

▲聖徳太子の開祖と伝わる三輪山平等寺（奈良県桜井市）「山の辺の道」に立つ聖徳太子立像。

乙巳の変

30年前には習わなかった大事件

30年前の教科書

645年，中大兄皇子《なかのおおえのおうじ》は，中臣鎌足《なかとみのかまたり》（のちの藤原鎌足）とともに蘇我蝦夷・入鹿父子をほろぼし，新たに即位した孝徳《こうとく》天皇のもとで皇太子となり，新しい政府をつくって国政の改革にのりだした。

現在の教科書

中大兄皇子《なかのおおえのおうじ》は，蘇我倉山田石川麻呂《そがくらやまだのいしかわまろ》や中臣鎌足《なかとみのかまたり》の協力を得て，王族中心の中央集権をめざし，645（大化元）年に蘇我蝦夷《えみし》・入鹿をほろぼした（乙巳《いっし》の変）。

蘇我宗家を滅亡に追い込んだクーデター

「乙巳の変」は、536(宣化《せんか》天皇元)年に大臣《おおおみ》(朝廷の最高執行官)となった蘇我稲目《そがのいなめ》以降、100年以上にわたって天皇の外戚として権勢を振るった蘇我宗家を、中大兄皇子と中臣鎌足が中心となって滅亡に追い込んだ歴史的大事件である。時代を大きく変えた「乙巳の変」が30年前の教科書に載っていなかった理由は、その後に行われた政治改革「大化改新《たいかのかいしん》」の序章、あるいは一部と捉えられていたためだと思われる。もしくは、皇居を舞台とした血なまぐさいクーデターから目をそらしていたとの説もある。

最古の正史『日本書紀』による「乙巳の変」は、およそ次の通りの事件であった。

蘇我氏の専横が目に余るようになっていた645(大化元)年6月12日、その排除を目的とするクーデター計画の密議を重ねた中大兄皇子と中臣鎌足は、蘇我入鹿《いるか》を重要な儀式があると偽って板蓋宮《いたぶきのみや》(奈良県明日香村)の大極殿におびき出し、武器を手に物陰に身をひそめた。同じ蘇我氏でありながら、中大兄らに与《くみ》した蘇我倉山田石川麻呂が皇極天皇への上表文を読みはじめることを合図に、刺客ふたりが入鹿に斬りかかるという筋書きである。ところが、石川麻呂が読みはじめたにもかかわらず、怖じ気づいた刺客ふたりは身動きができなくなってしまう。

そこで意を決した中大兄が自ら飛び出し、先頭に立って入鹿に斬りつける。斬りつけられた入鹿に「私に何の罪があるのでしょう」と質問された天皇は、中大兄に「これはいったい何ごとか」と問いかけた。これに対し、中大兄が「入鹿は皇位を奪おうとしています」と答えると、天皇はその場から立ち去ったという。

とどめを刺された入鹿が絶命すると、その場にいた古人大兄皇子《ふるひとのおおえのおうじ》（中大兄の異母兄）は自邸に逃げ帰った。その後、入鹿の父・蝦夷《えみし》を守るべく、蘇我邸に一族が集結したが、武装して取り囲む中大兄にひるんで逃走する者が続出。ついに観念した蝦夷は館に火を放って自害した。こうして、栄華を誇った蘇我氏の宗家は滅亡したのである。

浮かび上がる山背大兄襲撃事件の共謀者

「乙巳の変」の背景には、複雑な皇位継承争いがあった。

643（皇極天皇2）年11月1日、蘇我氏の血を引く古人大兄皇子の即位を独断で画策した入鹿は、そのライバルであった厩戸皇子（聖徳太子）の子・山背大兄王《やましろのおおえのおう》のもとに兵を送り、王とその妻子を自害に追い込んだ。入鹿の独断とするのは、『日本書紀』にある「蘇我臣入鹿、独り謀りて、上宮の王等を廃てて、古人大兄を立てて天皇とせむとす」という記述によるものだ。

しかし、藤原氏の家伝『藤氏家伝』には「蘇我入鹿、諸王子と共に謀りて、上宮太子の男、山背大兄等を害せむと欲して」と記されており、自害に追い込まれた山背大兄の父・聖徳太子の伝記『上宮聖徳太子伝補闕記《じょうぐうしょうとくたいしでんほけつき》』には、「蝦夷・入鹿、軽王、巨勢徳太《こせのとこだ》、大伴馬飼《おおとものうまかい》、中《なか》臣塩屋枚夫《とみのしおやひらふ》が共謀した」との旨が記されている。両書ともに信憑性は高くはないが、入鹿の単独犯行を否定する意図が認められないため、入鹿は「諸王子と共に謀りて」、共謀のうえで山背大兄を襲撃したという可能性が拭えないのだ。では、「諸王子」とは誰を指すのだろうか。

『藤原家伝』に記された「軽王」とは、皇極天皇の弟で、山背大兄、古人大兄に並ぶ有力な次帝候補であった軽皇子のことである。また、皇極天皇の子である中大兄もまた、有力な皇位継承者であった。つまり、この襲撃事件が起こった時、山背大兄、古人大兄、軽皇子、中大兄という4人の有力な次帝候補が存在していたことになる。

一方、『上宮聖徳太子伝補闕記』に共謀者として登場する巨勢徳太と大伴馬飼は、「乙巳の変」の後に孝徳天皇として即位した軽皇子の廷臣として大出世を遂げている。そして、中臣塩屋枚夫は、中臣鎌足であったと考えられているのだ。

この見方が正しければ、入鹿が独断で実行した山背大兄襲撃事件に危機感を抱いた中大兄が、鎌足との協議のうえで「乙巳の変」に踏み切った。そして蘇我氏排除を実現させ、中央集権をめざして「大化改新」を成し遂げたというこれまでの定説が、完全に覆されてしまうのである。

「大化改新」は実際に行われたのか？

前述したように、「乙巳の変」は「大化改新」の序章であり、中大兄は「大化改新」を実行するために入鹿を暗殺したと考えられている。

「乙巳の変」のわずか2日後の6月14日、皇極天皇は皇位を軽皇子に譲り、孝徳天皇が即位した。これは、日本初の譲位である。

その皇太子となった中大兄は645年（大化元）年、廷臣たちに孝徳天皇への忠誠を誓わせたうえで、日本初の元号である「大化」を定めた。さらに、翌年の元日には「大化改新の詔」を発表し、公地公民制、地方行政組織・交通・軍事の制、戸籍・計帳・班田収授法、新税制など新政の大綱を示した。その結果、氏姓制度に基づく皇族・豪族による個別の支配体制は崩壊し、公地公民制を基盤にした天皇中心の中央集権国家が築かれたといわれている。

ところが、大化改新の基本方針を示したという「改新の詔」は、「後世に粉飾された」という疑惑を拭いきれずにいるのだ。その理由として指摘されるのは、①全4条のうち第2条に登場する「郡《こおり》」という文字は当時まだ使用されておらず、大宝律令（701年）が施行される以前はすべて「評《こおり》」という字が使われていた ②第3条の「凡田長卅歩・広十二歩為段。十段為町、段租稲二束二把。町租稲廿二束」という文章が、大宝律令や養老律令（718年）の文章と同一である ③文章が漢文として整い過ぎており、当時の制度としては内容も整い過ぎている――などであり、歴史学者の津田左右吉氏は「第2条以下の副文はすべて『日本書紀』の撰者が『近江令』（天智天皇時代に制定されたという令《りょう》）の条文を転載したもの」と結論づけた。さらに、「改新の詔」は後世に粉飾されたのではなく、もともと存在しなかったのではないかとの説も提示されている。

また、「改新の詔」が実際に発表されていたとしても、その諸政策が実施されたことを示す確かな史料は存在せず、日本における律令国家の成立は「大宝律令」によるとの見方が定説である。つまり「大化改新」は(「改新の詔」が事実だとしても)、後に実現する諸改革の指針を示したに過ぎず、「中央集権化を目指した徹底した政治改革」という意味での「大化改新」は行われなかったと考えられているのだ。

蘇我氏排除の首謀者は軽皇子だった

「乙巳の変」の動機が「大化改新」になかったとすれば、その目的は、蝦夷・入鹿父子の抹殺のみに絞られる。では、その首謀者は誰だったのか。

歴史学者の遠山美都男《みつお》氏は『大化改新 六四五年六月の宮廷革命』(中央公論社)のなかで、「クーデターの本質が、皇極から孝徳(軽皇子)へという我が国最初の譲位の実現」であったと述べている。

文教大学教授である中村修也氏は『偽りの大化改新』(講談社)において、舒明天皇崩御後の大王(天皇)位継承候補者であった、古人大兄、中大兄、山背大兄、軽皇子の4人を〝容疑者〟として挙げたうえで、「山背大兄は亡くなった。中大兄は皇極退位によって立場が決定的に不利になるため〝主役〟から外す。蘇我氏を拠り所としていた古人大兄が入鹿を暗殺するはずがない」――というわかりやすい引き算によって、クーデターの主役を軽皇子だとしている。

古来、犯人捜しのセオリーとされている「誰が得をしたか？」において、「乙巳の変」によって即位した孝徳天皇（軽皇子）が該当者に含まれることは事実である。

首謀者が誰であるにせよ、「乙巳の変」の被害者である入鹿は、その専横な振る舞いによって暗殺されたといわれてきた。簡単にいえば「自業自得」というわけだ。

しかし、２００５（平成17）年からの発掘調査によって、蝦夷・入鹿の時代、蘇我氏の邸宅や寺が、都・飛鳥を取り囲むように配置されていたことが判明した。国際情勢に明るかった蝦夷・入鹿は、大国・唐の日本侵略に備えて大和の入り口に要塞を構築していたという説が有力視されているのだ。

この説が正しければ、「乙巳の変」の被害者である蘇我氏は皇位を脅かした逆臣ではなく、知略を巡らせて天皇家を守ろうとした忠臣だったことになるのである。

日本最古の通貨

和同開珎ではなかった！

30年前の教科書

政府は唐にならって，708（和銅元）年の和同開珎《わどうかいほう》をはじめとして銭貨をしばしば鋳造し，蓄銭叙位令《ちくせんじょいれい》を発したりなどして，その流通をはかったが，一般には稲・布などの物品による取引きが行われていたため，京・畿内のほかではあまり流通しなかった。

現在の教科書

708（和銅《わどう》元）年，武蔵《むさし》国から銅が献上されると，政府は年号を和銅と改め，7世紀の天武《てんむ》天皇時代の富本《ふほん》銭《せん》に続けて，唐《とう》にならい和同開珎《わどうかいちん》を鋳造した。

遷都の資金調達の役目を果たした「和同開珎」

「和同開珎」は、長きにわたって日本最古の通貨とされてきた古代の銭貨である。708（和銅元）年、武蔵国・黒谷（埼玉県秩父市）で国内初の天然銅（ニギアカガネ）が発見されたことを記念して、元号が「和銅」に改められた。時の元明《げんめい》天皇（天智天皇の第四皇女）は、朝廷に献上された銅を使って銭貨を鋳造する。それが和同開珎である。

和同開珎は、621年に唐で発鋳された「開元通宝」を手本とし、書体も同じにされたという。和同開珎は以前「わどうかいほう」と読まれていたが、それは「珎」の字を「寶」の異体字と誤解したためであり、近年では正しく「わどうかいちん」と読むのが一般的となっている。

元明天皇が和同開珎を鋳造した理由は、先進国である唐と同じように貨幣経済を実現したいという思いがあったというが、当時、進行していた平城京（奈良市・奈良県大和郡山市）への遷都の資金を調達するという別の目的もあったと考えられている。710（和銅3）年、藤原京（奈良県橿原市）から平城京へと都を遷した元明天皇は、711（和銅4）年に「蓄銭叙位令《ちくせんじょいれい》」を発布。一定の銭貨を蓄えた者に位階《いかい》を与えることを定めたこの法令は、和同開珎の流通と朝廷への還流を狙ったものだったが、実際に流通したのは都を中心とした畿内など一定の地域のみだった。地方経済は以前と変わらない物々交換が主流だったため、せっかくの通貨もその多くは死蔵されるという事態となったのである。

そのために蓄銭叙位令は、800(延暦19)年に廃止されたのだった。

江戸時代から知られていた「富本銭」

1999(平成11)年1月、飛鳥池《あすかいけ》工房遺跡(奈良県明日香村)から、それまでの通説を覆す通貨が大量に発見された。平城京の前の都・藤原京の繁栄を支える官営の工業団地的存在だったその場所から発見されたのは、和同開珎よりも25年も早い683(天武天皇12)年に鋳造された銅貨「富本銭」である。

富本銭は、その名前だけは古くから一部の人には知られていた。江戸時代前期の1694(元禄7)年に発行された『和漢古今寶泉図鑑』や1798(寛政10)年発行の『和漢古今泉貨鑑』に、それぞれ「富夲銭」「富本七星銭」という名称で図柄付きで紹介されていたのである。

しかし、その銭貨がいつどこでつくられたのかが不明であったため、今井風山という収集家が１８８９（明治22）年に、銅の質が和同開珎に似ていることから古代の物と推定したものの、注目されるには至らなかった。

その後、１９６９（昭和44）年には平城京跡から、１９８５（昭和60）年には藤原京跡の井戸の底から、１９９１（平成３）年と１９９３（平成５）年にも再び藤原京跡から、さらに１９９５（平成７）年には地方の上栗須《かみくるす》遺跡（群馬県藤岡市）からと発見が続いたが、それぞれ１枚ずつであり、合わせても５枚に過ぎなかったため、大きなニュースにはならなかった。それでも、和同開珎よりも古い銭貨が存在したのではないかという期待が次第に高まっていった１９９９（平成11）年、飛鳥池工房遺跡で33点もの富本銭が発見され、鋳造場所であることが特定されたのである。

発掘にあたった奈良文化財研究所は、富本銭が出土した地層の調査結果や、『日本書紀』の６８３（天武天皇12）年の条にある「今より以後、必ず銅銭を用いよ。銀銭を用いることなかれ」という記述を根拠に、その銅貨が６８３（天武天皇12）年に鋳造されたもので、７０８（和銅元）年に鋳造された和同開珎よりも古い物である可能性が高いと発表した。こうして富本銭は、日本最古の通貨という名誉を和同開珎から譲り受けることになったのである。

ちなみに、『日本書紀』の記述にある「銀銭」とは私鋳銀貨のことで、６６７（天智天皇６）

年から672（天武天皇元）年まで続いた近江宮の時代につくられた「無文銀銭《むもんぎんせん》」の存在が確認されている。しかし、これは正式な通貨ではないため、無文銀銭は日本最古の貨幣ではあっても、日本最古の通貨とは認められていないのである。

また、富本銭には「厭勝銭《ようしょうせん》」（邪気を払うために持ち歩いた銭状のお守りの一種）だった可能性が残されているため、確実に流通した日本最古の通貨は和同開珎であるとする意見も根強く残っている。

実質的な貨幣経済が始まったのは何時代？

708年に和同開珎を鋳造した朝廷は、760（天平宝字4）年の「万年通宝」、765（天平神護元）年の「神功開宝《じんぐうかいほう》」など、「皇朝十二銭」と呼ばれる12種の通貨を958（天徳2）年までつくり続けた。

改鋳の度に古い銭貨10枚と新しい銭貨1枚を交換するというレート操作が繰り返されたため、貨幣の価値は下降線をたどっていく。その結果、貨幣価値が100分の1～200分の1に下落したといわれる平安時代前期の9世紀中頃には、流通や交易の現場では忌避される存在でしかなくなり、日本における貨幣経済への挑戦は実を結ぶことなく終焉を迎えたのである。

再び日本国内に貨幣経済定着の兆しが見えたのは、平安時代末期の12世紀後半のことであった。権力を掌握し、日宋貿易を活発化させた平清盛《きよもり》が、大量の宋銭を輸入したのである。すでに貨幣経済が定着していた宋の銭貨に対する信用が高かったことに加え、鎌倉時代に入ると幕府と朝廷がともに宋銭を公認したことで流通は加速。ようやく貨幣経済の体《てい》を成すようになった。そして鎌倉時代中期には、ついに日本各地の荘園や公領である国衙領《こくがりょう》などにおいて、それまで米や布といった現物で納めさせていた税を、貨幣で納入させる「代銭納《だいせんのう》」という制度が誕生。ここに日本国内の経済は初めて、貨幣経済といえるレベルに達したのだった。

コラム

天智天皇の弟・天武天皇は兄より年上だった

645（皇極天皇4）年の「乙巳の変」によって蘇我宗家を滅亡に追い込んだ中大兄皇子は、668（天智天皇7）年に即位して天智天皇となり、大海人皇子《おおあまのおうじ》を〝皇太弟《こうたいてい》〟とした。大海人皇子は672（天武天皇元）年の「壬申の乱」を経て、翌673（天武天皇2）年に天武天皇として即位する。

天智と天武は、ともに舒明《じょめい》天皇とその后・皇極天皇との間に生まれた実の兄弟なのだが、『国史大辞典』（吉川弘文館）をはじめとするさまざまな資料を調べてみると、兄・天智の生年は「626年」と明記されていることに対して、その弟・天武の生年は「？」となっている。「古代史最大の内乱」と称される「壬申の乱」を制し、673〜686（天武天皇15／朱鳥元）年までの在位中に、「八色《やくさ》の姓《かばね》」を制定して氏姓制度を整え、藤原京（奈良県橿原市）の造営、『日本書紀』『古事記』の編纂事業を命じ、日本初の元号「大化」を制定するなど、数々の足跡を残した天武天皇の生年が、いまだ比定（他のものと比べて、推定すること）されていないのはなぜなのか。

その理由のひとつに、鎌倉時代の年代記である『一代要記』、後小松上皇の勅命によって編纂された皇族系図『本朝皇胤紹運録《ほんちょうこういんじょううんろく》』などの存在がある。そこには、686年に崩御した天武天皇の享年が65歳と記されているのだが、これを逆算すると、天武の生年は天智天皇の４年前、つまり「天智天皇の弟は、４歳年上の天武天皇」ということになってしまうのだ。さらに、『日本書紀』から『本朝皇胤紹運録』の間に編纂された文献を調べると、享年65とするものが過半ではあるものの、72、73とする記述もあるという。

大和書房の創設者である大和岩雄《おおわ》氏は、推古天皇以降の歴代天皇のうち、「兄よりも年長」となる例はこの一例だけであることを指摘し、「後代資料だから無視しろ、という意見もあるが、後代資料でも他の天皇の年齢は、このような矛盾はないのだから、無視するわけにはいかない」と述べている。

また、天武天皇は実の兄である天智天皇の娘を、４人も妻としていた。当時の有力氏族たちの間における異母兄弟の婚姻は少なくないが、実弟に実の娘を嫁がせるというのは極めて異例である。これらの事実から、実際に天武は天智よりも年上だったのであり、ふたりは兄弟ではなかったとする「非兄弟説」が生まれた。しかし、仮にそうであったとした場合、果たして天武とは、いったい何者だったのかという大きな問題が浮上するのである。

６７１(天智天皇10)年、病に臥した天智天皇は我が子・大友皇子を太政大臣とし、実弟とされる大海人皇子(天武)を政権から疎外した。このことが、「古代史上最大の内乱」につながるのであった。

壬申の乱の真実

大海人皇子の皇位簒奪が目的

現在の教科書

天智天皇が亡くなると，翌672年に，天智天皇の子で近江朝廷を率いる大友皇子《おおとものおうじ》と天智天皇の弟大海人皇子《おおあまのおうじ》とのあいだで皇位継承をめぐる戦い（壬申《じんしん》の乱）が起きた。

30年後の教科書

天智天皇が亡くなると，その子・大友皇子が弘文天皇として即位した。ところが，翌672年，天智天皇の弟大海人皇子《おおあまのおうじ》が，皇位簒奪《さんだつ》を目指して挙兵（壬申《じんしん》の乱）。敗れた弘文天皇は自殺に追い込まれ，大海人皇子が天武天皇として即位した。

天武天皇を被害者とする『日本書紀』の記述

「日本古代史における最大の内乱」といわれる「壬申の乱」は、勃発した672（天武天皇元）年が壬申《みずのえさる》にあたるため、干支《えと》に因んでそう名付けられた。『日本書紀』によるこの内乱の概要は、およそ次のようなものである。

「乙巳の変」によって蘇我宗家を排除した中大兄皇子は、668（天智天皇7）年に天智天皇として即位した。有力豪族出身の后から健康な皇子が生まれなかった天智天皇は、弟の大海人皇子《おおあまのおうじ》を次帝と考えていた。ところが、伊賀の豪族出身の后が648（大化4）年に産んだ大友皇子《おおとものおうじ》が順調に成長すると、皇子を愛した天智天皇の姿勢が変わりはじめる。そして671（天智天皇10）年1月、天智天皇は大友皇子に太政大臣の位を与え、後継者に指名したのだった。

その後、病床についた天智天皇に呼び出された大海人皇子は、大友皇子こそが天皇にふさわしいと考えており、即位の意思がないことを言明したうえで、出家して功徳を積みたいと伝えた。これを天智天皇が認めると、大海人皇子はすべての武器を捨て去り、僧の衣装を身にまとって家族とともに吉野宮に引きこもったのである。

同年12月、天智天皇が崩御し、大友皇子が近江朝を率いるようになると、大海人皇子は朝廷の不穏な動きを察知し、翌年6月24日に吉野を脱出して美濃に逃れる。しかし、そこへ近江軍の兵士たちが押し寄せてきたため、大海人皇子は東国の豪族たちを集めてついに挙兵。7月22日に行われた「瀬田橋（滋賀県大津市）の戦い」で近江軍に大勝すると、その翌日、逃走に失敗した大友皇子は自決に追い込まれたのである。こうして「壬申の乱」は終結し、翌673（天武天皇2）年2月、大海人皇子は自ら造営した飛鳥浄御原宮《あすかきよみはらのみや》において、天武天皇として即位したのだった。

弘文天皇として即位していた大友皇子

本項冒頭に掲載した現在の教科書は『日本書紀』に従って、「近江朝廷を率いる大友皇子」と微妙な表現をしているが、天智天皇が飛鳥から遷した近江宮（滋賀県大津市）はまさに朝廷であり、その朝廷を率いていた以上、大友皇子は即位していたはずだという意見は古くからあった。さらに、平安時代に源高明《みなもとのたかあきら》が著した『西宮記《さいきゅうき》』の裏書きには皇子が即位したことが記されており、同様の記述がいくつかの史書に見えることから、江戸時代には大友皇子の即位を主張する学説が多数を占める。そして1870（明治3）年、明治天皇（明治政府）は大友皇子の即位を正式に認め、第39代・弘文天皇と追諡《ついし》（死後に諡《おくりな》を贈ること）したのである。

政府の正式見解となった「大友皇子即位説」に対する異論は今も提示されているが、天智天皇が671年に大友皇子を太政大臣に任じたことは事実である。大阪市立大学名誉教授の直木孝次郎氏は「当時では太政大臣就任は立太子と同様の意味があった」と解説したうえで、「正式に即位したかどうかは疑問」としながらも「天智の死後、事実上大友が天皇の地位を継いだことは疑うに及ばない」（『国史大辞典』吉川弘文館）と断言している。

つまり、いかなる事情があったにせよ、大海人皇子は「事実上天皇の地位を継いだ」大友皇子を「壬申の乱」によって死に追い込み、簒奪《さんだつ》（帝王の位を奪い取ること）したことは紛れもない事実なのだ。「壬申の乱」は「皇位継承をめぐる争い」ではなかったのである。

ところが、日本初の正史である『日本書紀』は、後継者であった大海人皇子が天武天皇の変心によってその地位を奪われ、自ら出家して隠遁しようとしたにもかかわらず、大友皇子の挑発によってやむなく挙兵したというストーリーを展開している。その理由はいうまでもなく、『日本書紀』の編纂を命じたのが天武天皇、すなわち大海人皇子であったからに他ならない。

天武天皇が681（天武天皇10）年に編纂を命じたとされる『日本書紀』は、720（養老4）年に天武の子・舎人《とねり》親王らの手によって完成したと伝わる。日本最古の史書としてその史料的価値は万人が認めるところだが、その内容がそれぞれの時代における為政者によって潤色・改竄《かいざん》されたことも否定できない。

文教大学教授の中村修也氏は『偽りの大化改新』（講談社現代新書）のなかで、「（天武天皇の）簒奪を正当化するためには、近江朝が倒されるべき王朝であったことを史書に描かねばなりませんでした」と述べている。同氏の見解によれば、『日本書紀』の編纂者はまず、近江朝を興した天智天皇（中大兄皇子）を貶《おとし》める目的によって「乙巳の変」の首謀者とし、天皇の眼前で蘇我入鹿の首を刎ねた後、古人大兄皇子、山田石川麻呂を自害に追い込んだ「冷酷な殺人者」に仕立て上げたとする。「壬申の乱」における大友皇子が、大海人皇子に猜疑心を持ち、挑発を仕掛けたというのも同様の流れである。

天智天皇を顕彰するために生まれた新たなる解釈

しかし、天武天皇は686（朱鳥《しゅちょう》元）年に崩御し、天武が次帝に指名していた草壁皇子《くさかべのおうじ》もその3年後に病死してしまった。そこで皇位に就いたのが、草壁の生母であり、天智天皇の娘であった持統天皇である。その後、持統天皇が中臣鎌足の子・藤原不比等《ふひと》を重用したことで、藤原氏はその後約1000年にもわたって権勢を誇ることとなるのだが、『日本書紀』はこの持統・不比等の時代に大きく天智寄りに編集されたとみられている。

天武天皇が自らの正当性を証明する意図ではじめた『日本書紀』の編纂作業は、天智天皇を顕彰するために改変されていった。ふたりの父による「乙巳の変」で抹殺された蘇我氏は、専横を重ねた悪人でなくてはならない。NHKのディレクターである谷口雅一氏は「二人が志す改革を邪魔し、天皇家を乗っ取ろうとした逆臣として描くのだ。すると、蘇我氏を悪しざまに描けば描くほど、それに反比例して中大兄と鎌足が英雄化される」(『「大化改新」隠された真相』ダイヤモンド社)と述べている。

また、蘇我氏を悪人とする過程の中で、蘇我蝦夷・入鹿父子による数々の功績を成し遂げた人物として創作されたのが、聖徳太子であったとする意見は根強いのである。

最古の歴史書に疑惑

『古事記』は『日本書紀』より新しい？

30年前の教科書

『古事記《こじき》』は，古くから宮廷に伝わった『帝紀』と『旧辞』とに天武天皇がみずから検討を加え，稗田阿礼《ひえだのあれ》に誦《よ》みならわせたものを，のちに太安麻呂《おおのやすまろ》（安万侶）が筆録したもので……

現在の教科書

（古事記の）神話は，創世《そうせい》の神々と国生みをはじめとして，天孫降臨《てんそんこうりん》，神武《じんむ》天皇の「東征《とうせい》」，日本武尊《やまとたけるのみこと》の地方制圧などの物語が律令国家の立場から編《あ》まれており，そのまま史実とはいえない。

江戸時代に提唱された「古事記偽書説」

『古事記』は、世界と日本を誕生させた神々の物語（神代）から、第33代推古天皇の時代に至るまでの伝説、系譜、歌謡などを全3巻に収めた日本における現存最古の歴史書である。成立は712（和銅5）年とされ、720（養老4）年成立の『日本書紀』よりも8年早いことになる。現在は「こじき」と読まれるが、「ふることよみ」と読まれていたとの説もあり、定説にはいたっていない。

『古事記』にある序文によれば、その編纂を命じたのは「壬申の乱」に勝利して672（天武天皇元）年に即位した天武天皇である。当時の日本には、歴代天皇の皇位継承を記した『帝紀《ていき》』と、神話や伝承を記録した『旧辞《きゅうじ》（くじ）』という史書が諸家に伝えられていた。天武天皇は、その内容に多くの虚偽が加えられ、正実を失っていることを嘆き、真実を後世に伝えるべく、稗田阿礼《ひえだのあれ》という側近（舎人《とねり》）に両書の誦習《しょうしゅう》（口に出して繰り返し読むこと）を命じたのだ。この事業は天武天皇の崩御によって一時中断されたが、707（慶雲4）年に即位した元明天皇がその遺志を継ぎ、文官の太安麻呂《おおのやすまろ》に稗田阿礼の口述を筆録させた。そして712年正月28日、完成した『古事記』が元明天皇に奏上されたのである。

ところが、天皇の勅命による国史編纂事業であったにもかかわらず、720年に成立した『日本書紀』には、『古事記』編纂の開始、元明天皇への奏上などに関してまったく記されていない。平安時代に成立した『日本書紀』に続く第二の正史である『続日本紀《しょくにほんぎ》』にも、720年の『日本書紀』成立は書かれているのだが、712年の『古事記』成立という記述は見られない。

このことから、『古事記』について記されているのは、前記した同書の序文だけなのである。『古事記』は『日本書紀』よりも後年に書かれたものではないか、さらには、『古事記』全体が偽書ではないかという「古事記偽書説」が江戸時代に囁かれはじめた。国文学者の倉野憲司氏は「偽書説がそのまま一般に是認されるものではない」としながらも、「(偽書説の)論旨や論拠は必ずしも一様ではないけれども、一応もっともと思われる疑問点を含んでいる」(『国史大辞典』吉川弘文館)と認めている。

江戸時代に生まれた「古事記偽書説」は、明治維新以降に支配的となった皇国史観(万世一系の天皇を中心とする歴史観)によって事実上封印された。しかし、1929(昭和4)年に浄土真宗本願寺派学僧の中沢見明《けんみょう》氏が『古事記論』を発表。『帝紀』『旧辞』を誦習して太安麻呂に口述したとされる稗田阿礼の実在に対する疑問を提示した。『古事記』序文で聡明と讃えられ、編纂事業を成し遂げた稗田阿礼の名が、『日本書紀』『続日本紀』などに一切見られないことを指摘したのである。

さらにその後、大和書房の創業者である大和《おおわ》岩雄氏が『古事記成立考』(大和書房)のなかで、『古事記』序文は、筆録した太安麻呂を「正五位上勲五等」としていながら、稗田阿礼の位階勲等が記されていないことを指摘。「天武天皇の勅命を受けた舎人が、天武朝の『姓《かばね》』の意味で無姓とはおかしなことである。実在しないから『姓』をつけなかったのである」と述べ、大きな話題をさらった。

一方、『古事記』を偽書とは断定しないものの、『日本書紀』の成立以降に書かれたものとする学者は多い。大阪教育大学名誉教授の鳥越憲三郎氏は、「『古事記』は『日本書紀』の各記事を直接に資料として用い、わずかに風土記などをもって補い、それらを取捨選択して総合的にまとめたのみでなく、さらに後世の常識的智恵で改変したり、粉飾したものであると明言できるのではないか」(『古事記は偽書か』朝日新聞社)と述べている。

つまり、『古事記』に書かれた神話をはじめとする物語は当然として、その成立時期、編纂者などについても「そのまま史実とはいえない」のである。

呪われた桓武天皇

“怨霊”による即位と遷都

30年前の教科書

（光仁天皇に）ついでたった桓武《かんむ》天皇は，光仁天皇の政治方針をうけつぎ，都を寺院などの旧勢力の強い奈良から水陸交通の便利な山背《やましろ》国（のちの山城国）に移すことにより，これまでのゆきがかりを離れ，新しい都で政治再建の実をあげようとした。

現在の教科書

（光仁《こうにん》天皇が）781（天応《てんのう》元）年に亡くなる直前，天皇と渡来《とらい》系の血を引く高野新笠《たかののにいがさ》とのあいだに生まれた桓武《かんむ》天皇が即位した。

渡来系の母・高野新笠と天智系の光仁天皇

30年前の教科書では触れられていなかった桓武天皇の生母「高野新笠」とは、現在の教科書にあるように「渡来系の血を引く」氏族・和氏《やまと》出身である。

797（延暦16）年に成立した『続日本紀《しょくにほんぎ》』は和氏について、676年に滅んだ百済の第25代・武寧王《ぶねいおう》（462〜523年）の子孫であると記すが、朝鮮側の記録から和氏の祖とされる人物の記述が確認できないため定かではない。また、新笠の父・乙継《おとつぐ》の生前の冠位官職も不明である。

新笠は、720年頃に乙継とその妻・土師真妹《はじのまいも》の間に生まれた。その後、天智天皇の孫である白壁王《しらかべ》（後の光仁天皇《こうにん》）の宮人（側室）となり、733（天平5）年に能登女王を、737（天平9）年に山部王《やまべ》（後の桓武天皇）を産んだのである。

この出自だけを見れば、光仁天皇の子である山部王が天皇になったのは当然だと思えるが、672（天武天皇元）年の「壬申の乱」以降、天皇は天武系の皇族に限られていたため、山部王が生まれた時点では天智系の白壁王に即位の可能性はほぼなかった。しかし、聖武天皇の娘である井上内親王を后として迎えた頃から白壁王の朝廷内での昇進が加速し、

749(天平勝宝元)年に聖武天皇の娘(井上内親王の異母妹)が孝謙天皇として即位すると、白壁王は766(天平神護2)年に大納言に就任。770(宝亀元)年、重祚《ちょうそ》(一度退位した天皇が再び位に就くこと)によって称徳《しょうとく》天皇となっていた孝徳天皇が崩御したことで、62歳という高齢の白壁王が皇太子となり、同年10月、光仁天皇として即位したのだった。光仁天皇の擁立は、時の左大臣・藤原永手《ながて》、参議・藤原蔵下麻呂《くらじまろ》らが主導したとされる。

こうして山部王は光仁天皇の第一子となったのだが、皇后の座に就いたのは井上内親王であり、761(天平宝字5)年に誕生したその子・他戸《おさべ》親王が皇太子に指名された。そもそも、天智系である光仁天皇の即位は、女系ではあるものの天武天皇の血を引く他戸親王の即位を前提としたもので、生母・新笠の出自が低い山部王には、即位の可能性が無きに等しかったのである。

呪詛事件によって即位した山部王

ところが、光仁天皇即位から2年も経たない772(宝亀3)年3月2日、井上内親王は長年にわたって光仁天皇を呪詛《じゅそ》していたと密告され、「巫蠱《ふこ》・厭魅《えんみ》大逆」(まじないによって人を呪う悪質な行為）によって廃皇される。同年5月には、他戸親王が皇太子から廃された。さらに、この翌年に光仁天皇の同母姉・難波《なにわの》内親王が逝去すると、呪い殺したとの嫌疑がかけられた井上内親王は他戸親王とともに幽閉され、775（宝亀6）年4月27日、母子ともに急死したのである。

この一連の呪詛事件により、山部王が他戸親王に代わって皇太子となった。すると、その2年後の775（宝亀6）年に蔵下麻呂が急死し、777（宝亀8）年11月には光仁天皇が、12月には山部王が病に倒れる。さらにその後も天変地異が続いたことで、これを怨霊となった井上内親王の祟りであると考えた光仁天皇は、同年12月28日、井上内親王の遺骨を改葬して弔ったのだった。

井上内親王が廃后されたのは、他戸親王の擁立を前提に光仁天皇を即位させた永手の死（772年2月22日）の直後であった。これを機に、光仁天皇の即位に協力しながらも、密かに山部王の擁立を目指していた参議・藤原百川《ももかわ》らの一派が陰謀を企て、それを実行したのだ。勲三等瑞宝章を受勲した歴史学者の佐伯有清《さえきありきよ》氏は、井上内親王と他戸親王の急死について「藤原百川らによって毒殺されたと考えられている」（『国史大辞典』吉川弘文館）と解説している。百川が779（宝亀10）年に没すると、都では井上内親王に呪い殺されたとの噂が立ったという。

781(天応元)年4月に即位した桓武天皇(山部王)は、百川に従二位右大臣を贈り、その子・緒嗣《おつぐ》を参議に任じた際、「緒嗣の父がいなかったら天皇になれなかっただろう」と語ったと伝えられる。また、百川の長女・旅子《りょし》(たびこ)は786(延暦5)年に桓武天皇の夫人となり、後の淳和《じゅんな》天皇を産んだ。

怨霊の祟りによる平安遷都

桓武天皇は即位の直後、同母弟・早良《さわら》親王を皇太子に指名。784(延暦3)年にはそれまでの平城京(奈良市・大和郡山市)を廃し、生母・新笠の生家にほど近い長岡京(京都府向日《むこう》市・長岡京市・京都市)への遷都を実行する。

ところが785(延暦4)年、遷都の責任者であった藤原種継が何者かによって暗殺されると、桓武天皇は事件に連座したとして早良《さわら》親王を幽閉。親王は無実を訴える抗議の絶食によって憤死してしまった。

これを受け、桓武天皇が第一子である安殿《あて》親王(後の平城《へいぜい》天皇)を立太子したところ、

788（延暦7）年に夫人・旅子が30歳で急死したことを皮切りに、その翌年に皇太后の新笠が亡くなり、790（延暦9）年には皇后・藤原乙牟漏《おとむろ》（安殿親王の生母）が31歳で死去した。さらに、疫病の蔓延をはじめとする全国的な災害が相次ぎ、791（延暦10）年には伊勢神宮の正殿が放火され、その翌年には安殿親王が原因不明の重病に倒れる。ここに至って桓武天皇が陰陽師《おんみょうじ》に占わせたところ、無実の罪で死んだ早良親王の怨霊による祟りとの結果が出た。桓武天皇は親王の怨霊鎮祀を繰り返し行ったが、その直後に長岡京が2度にわたって大洪水に見舞われたことで、桓武天皇は遷都からわずか10年で長岡京の放棄を決意したのだ。前出の佐伯氏は「（桓武天皇は一連の災厄を）怨霊の祟りによるものと信じ、種継の暗殺によって血塗られた長岡京を廃して、平安へ都が遷されたのであろう」と述べている。

794（延暦13）年、平安時代の幕開けを告げる平安京（京都市）への遷都が実行された。800（延暦19）年に桓武天皇は、早良親王を「崇道《すどう》天皇」、井上内親王を「吉野皇后」と追称している。

コラム

平安遷都を実行させた〝超能力者〟陰陽師

平安時代に活躍したとされる安倍晴明《あべのせいめい》で知られる「陰陽師《おんみょうじ》（おんようじ）」とは、方術を専門とする官人である。

陰陽師の根本ともいわれるのが、「陰陽五行《いんようごぎょう》思想《しそう》」だ。「陰陽五行説《いんようごぎょうせつ》」「陰陽五行論《いんようごぎょうろん》」とも呼ばれるこの思想は、中国の春秋時代に生まれたとされる。森羅万象《しんらばんしょう》（宇宙のありとあらゆるもの）を「陰《いん》」と「陽《よう》」というふたつの「気《け》」に分ける「陰陽思想」と、万物は木・火・土・金・水の5つの元素からなり、それらが相互に働いて生滅盛衰を決定するという「五行思想」が結びついたもので、より複雑な事象の解釈を可能とするという。

この思想を基本とし、天文・暦数・卜筮《ぼくぜい》などの知識を交えて吉凶や禍福を占う方術が「陰陽道」なのである。

日本には古墳時代に伝えられたとされるが、表舞台に登場して影響力を持ちはじめるのは飛鳥時代以降である。その契機は、この時代に朝廷が「陰陽寮《おんようりょう》」を設置したことにある。陰陽道を司る陰陽寮は、いわば国家による機密機関であり、一般人が陰陽道を学ぶことは固く禁じられた。陰陽寮に所属する陰陽師の定員は6名とされ、安倍晴明もそのひとりであった。

921（延喜21）年に生まれとされる晴明

は、幼い頃、賀茂忠行・保憲父子に陰陽道と天文学を学んだという。その後、948(天暦2)年から朝廷に出仕した晴明は、960(天徳4)年に天文博士となり、村上天皇、花山天皇、太政大臣などを歴任した公卿・藤原道長などの信頼を獲得して数々の伝説を残した。桓武天皇が弟の早良《さわら》親王の怨霊に怯え、陰陽師の指示に従って平安京への遷都を決めたように、陰陽師たちは朝廷に対する多大な影響力を有していた。とくに、祟りや怨霊の存在を信じる「御霊信仰」が流行した平安時代に、陰陽師たちの影響力は増大。彼らの不思議な力は皇族や貴族間の勢力争いにも利用されるようになり、それに伴って以前は科学的だった陰陽道はオカルト的色彩を帯びるようになったと考えられている。

その結果、「母は稲荷の狐が化身した女性(葛の葉)である」「幼い頃に1匹の蛇を助けて竜宮へ招かれた」「12の式神《しきがみ》(精霊)を自由に操ったが、妻が怖がるので、一条戻橋《もどりばし》の下に隠していた」といった数々の晴明伝説が誕生したのだ。

その後、鎌倉時代の武家政権が信じなかったために陰陽師は廃《すた》れたが、室町時代に入ると再び勢力を盛り返した。「花の御所」と呼ばれた室町殿で宴を催していた3代将軍・足利義満をはじめ、将軍家の公家志向が強かったことがその理由とされる。やがて時代が戦乱の世に移り変わるとともに、陰陽師の存在も少しずつ忘れられてしまったのだった。

ヤマト政権の東征

蝦夷征伐は失敗に終わっていた

30年前の教科書

桓武天皇は，遷都とならんで蝦夷《えみし》の征討に力をいれた。（中略）征夷《せいい》大将軍坂上田村麻呂《さかのうえのたむらまろ》は鎮定に成功し，北進して北上《きたかみ》川中流域に胆沢《いさわ》城をきずいて鎮守府をここに移し，さらにその北方に志波《しわ》城をきずくなど，東北地方の計略を大いに進めた。

現在の教科書

征夷大将軍《せいいたいしょうぐん》となった坂上田村麻呂《さかのうえのたむらまろ》は，802（延暦21）年胆沢の地に胆沢城を築き，（蝦夷の族長）阿弖流為《あてるい》を帰順させて鎮守府《ちんじゅふ》を多賀城からここに移した。翌年にはさらに北上川上流に志波城《しわじょう》を築造し，東北経営の前進拠点とした。（中略）しかし，東北地方での戦い（中略）は，国家財政や民衆にとって大きな負担となり，805（延暦24）年（中略）打ち切ることにした。

東征を強化した桓武天皇の野望

ヤマト政権は、646（大化2）年に発布した「改新の詔」により、中央集権国家の体制を整えたが、東北地方や北海道には中央に服従しない「蝦夷」と呼ばれる人々が数多く存在した。そこでヤマト政権は、越後の渟足《ぬたり》（新潟県新潟市）や磐舟《いわふね》（新潟県村上市）などに、前線基地である城柵（軍事的防御施設）を設置。この城柵に、平時は農業に従事し、有事の際は武器を取って戦う「柵戸《さくこ》」という兵士を配置し、蝦夷の反乱に備える一方、蝦夷の族長を国府や郡衙《ぐんが》の役人に登用するなどの懐柔策を採った。しかし、中央から派遣された役人と現地採用の蝦夷との衝突が事件に発展するなど、東北地方における支配地拡大は一進一退を繰り返していたのである。

そんな状況のなか、781（天応元）年に即位した桓武天皇は、天皇権力の強化という野望のもと、蝦夷の征討に本格的に着手する。789（延暦8）年には、公卿の紀古佐美《きのこさみ》を征東大使に任命して大掛かりな蝦夷制圧を強行。794（延暦13）年には、大伴弟麻呂《おおとものおとまろ》を征夷大将軍として再び攻め入ったが、いずれも失敗に終わった。そこで桓武天皇は、弟麻呂の副官だった坂上田村麻呂を征夷大将軍に昇格させ、797（延暦16）年より3度目の征討を断行。武力と懐柔策を駆使して勢力範囲を拡大させた田村麻呂は、８０２（延暦21）年に胆沢城（岩手県奥州市）、８０３（延暦22）年には志波城（岩手県盛岡市）を築く。この征討により、最強といわれた蝦夷の軍事的指導者・阿弖流為を討った田村麻呂は、大いに讃えられたのであった。

国家財政を疲弊させた二大事業

30年前の教科書では、蝦夷を破った坂上田村麻呂が「東北地方の計略を大いに進めた」とだけ記され、蝦夷征討が成功したと受け取れる説明になっているが、現在の教科書の記述にあるように、蝦夷征討は８０５（延暦24）年に中止されていた。坂上田村麻呂を一躍、有名にした蝦夷征討は、なぜ、打ち切られることになったのだろうか。

ヤマト政権は、田村麻呂のような蝦夷征討軍の指揮官は中央から派遣していたが、兵隊や兵糧《ひょうろう》は現場調達を基本としていた。田村麻呂が阿弖流為を討った翌々年の８０４（延暦23）年には、すでに支配下に置いている安房《あわ》国（千葉県南部）、上総《かずさ》国（千葉県中部）、下総《しもうさ》国（千葉県北部）からだけでも、９６８５斛《こく》（石）の米、1万４３１５斛（石）の糒《ほしい》（干し飯）

を前線基地である小田城柵（宮城県遠田郡涌谷《わくや》町）に納めよという命令が下されている。しかし、これは当時ヤマト政権が3ヵ国に課していた租税の半分に匹敵する量だったため、過酷な負担によって農民たちの疲弊・困窮は深刻な状態となっていた。

こうした状況を受け、中央で4度目となる蝦夷征討を実施するかどうかが議論された。桓武天皇の面前で推進派の菅野真道《まみち》（参議）と、反対派の藤原緒嗣《おつぐ》（参議）が意見を戦わせる（徳政論争）。結局、緒嗣の「方今天下の苦しむ所、軍事と造作なり。此の両事を停めれば、百姓安んぜん（今、天下の人々が苦しんでいるのは、蝦夷征討と都の建設です。この2つを止めればみんな安心します）」（『日本後紀』）という意見が通り、東征中止という決断が下されたのである。

日本全土の完全制圧は、始祖と仰ぐ神武天皇以来のヤマト政権の宿願であった。桓武天皇がそれを断念した理由は、緒嗣の言葉にもある「都の建設」、つまり平安京の造営であった。

794年、桓武天皇は山城国（京都府南東部）に平安京を造営したのだが、それは山城国の長岡（京都府向日《むこう》市）に遷都したわずか10年後のことだった。短期間で2度も強行された遷都は、国家財政に大きくのしかかっていたのである。それに加え、蝦夷征討軍の長期派遣は、国家財政の許すところではなかった。この2大事業には、国家歳入の5分の3

が投入されていたという。

蝦夷征討の副産物が中央にもたらしたもの

ヤマト朝廷が蝦夷の住む東北地方を支配下に置こうとした動機には、日本全土の完全制圧という宿願の他に、当地に眠る金をはじめとする鉱物資源と、西日本にはいない南部馬という大型の馬に魅力を感じていたからであった。95(景行天皇25)年に武内宿禰《たけのうちのすくね》が「土地肥沃かつ馬多し。撃ってこれを取るべし(大地が豊かでさらに馬が多い。征服してこれを手にすべきである)」(『日本書紀』)と報告して以来、ヤマト政権は蝦夷征討に勢力を注いだ。この時、ヤマト軍を大いに苦しめた蝦夷たちの操る南部馬は、支配地が拡大するにつれて都にももたらされ、大人気となった。その人気に乗じて、東国の国司などが南部馬を買い漁り、その代金として甲冑《かっちゅう》などの大量の武器が蝦夷側に流出するという事態を招く。そのため、蝦夷との交易を禁止する条例が、わかっているだけでも787(延暦6)年、815(弘仁6)年、861(貞観3)年に出されている。

時代が下った平安時代後期の1051(永承6)年、陸奥国《むつ》の豪族である安倍氏が朝廷に対する反乱（前九年の役）を起こした際、平定にあたった源頼義《よりよし》は、戦利品として大量の南部馬を都に持ち帰ったといわれている。さらに、1083（永保3）年に安倍氏に代わって勢力を増した清原氏を源義家《よしいえ》が制圧した「後三年の役」の際にも、義家は大量の金と南部馬を手に入れている。この時に入手した南部馬の効力もあって源氏一族の軍事力は拡大し、それが子孫となる源頼朝《よりとも》の覇権奪取へと繋がったともいわれているのである。

▲坂上田村麻呂に敗れて処刑されたアテルイとモレを讃える「北天の雄 阿弖流爲母禮之碑」（京都・清水寺）。

平氏政権の実態

日本初の幕府は平氏がつくった!?

現在の教科書

清盛は娘徳子《とくこ》（建礼門院《けんれいもんいん》）を高倉《たかくら》天皇の中宮《ちゅうぐう》に入れ，その子の安徳《あんとく》天皇を即位させ外戚《がいせき》として権勢をふるうなど，平氏政権は著しく摂関政治に似たもので、武士でありながら貴族的な性格が強かった。

30年後の教科書

平氏政権は著しく摂関政治に似たもので，貴族的な性格が強かったといわれてきたが，武士を統率する国《くに》守護人《しゅごにん》，地頭《じとう》を制度化するなど，初の武家政権であったとの見方が有力となっている。

1章 先史
2章 古代
3章 中世
4章 近世・近代

「平家にあらずんば人にあらず」権威を誇った一族

平氏政権とは、平安時代の末期に権勢を振るった平清盛《きよもり》を中心とする平氏一族による政権であり、清盛の館が鴨川東岸の六波羅《ろくはら》（京都市東山区の五条大路から七条大路一帯）にあったことから、「六波羅政権」とも呼ばれている。

平氏政権の成立時期については2説ある。朝廷が清盛の嫡男・重盛《しげもり》に、東山・東海・山陽・南海諸道の治安警察権を委ねる宣旨を授けた1167（仁安2）年5月とする説と、清盛がクーデター（治承三年の政変）によって京を制圧し、後白河法皇による院政を中断させた1179（治承3）年11月とする説である。前者は、後に鎌倉幕府を開く源頼朝《よりとも》が1191（建久2）年に治安警察権を委ねられたように、朝廷による検断権《けんだん》（治安行政と刑事司法を司る権利）の放棄を政権誕生とする見方。後者の場合は、為政者であった後白河法皇を引退に追い込んだ軍事クーデターによる政治機構の乗っ取りにより、平氏政権が成立したという見方である。

「保元の乱」「平治の乱」に勝利し、1160（永暦元）年に武士として初めて公卿の位についた清盛は、利害の一致した後白河法皇と手を結ぶことで栄達を遂げ、権勢を強大なものにしていった。後白河法皇の寵愛した平滋子《しげこ》（建春門院）が清盛の正室・平時子の妹であったことも、両者の関係を強める一因であったといわれている。重盛に治安警察権を委ねたのも、後白河法皇自身だった。この時から後白河法皇は院政を敷くことになるのだが、太政大臣にまで上り詰めた清盛が1171（承安元）年に娘の徳子を後白河法皇の皇子である高倉天皇に嫁がせ、外戚としての地位を磐石にした頃からその関係は崩れ始め、1179年に清盛が数千騎の大軍を率いて上洛した「治承三年の政変」へとつながる。

確かに平氏が完全に権力を掌握したのは「治承三年の政変」によってであるが、その11年前の1168（仁安3）年に清盛は出家して福原（現在の兵庫県神戸市）における日宋貿易に積極的に取り組んでおり、嫡男の重盛を筆頭に、朝廷の要職はほとんど一族で占められていた。後白河法皇という為政者は存在したものの、法皇を清盛の傀儡《かいらい》的存在と考えれば、政権の成立は1167年であったとの説が有力となるのだ。

いずれにせよ、後白河法皇を権力の座から引きずり降ろした清盛は、翌1180（治承4）年4月、徳子が産んだ子を安徳天皇として即位させ、わずか1歳半の孫に代わって実質的な為政者となった。この時、清盛の妻・時子の兄である平時忠が発したのが、「平家に非《あら》ざるは皆人非人」（平家にあらずんば人にあらず）との言葉である。ところが、その栄華は長くは続かなかった。その直後、後白河法皇の第三皇子・以仁王《もちひと》が平氏追討の令旨《りょうじ》を発したことをきっかけに、清和源氏の嫡流である頼朝が同年8月、伊豆で挙兵したのである。さらに、清盛が翌1181（養和元）年閏2月に病死すると、その崩壊は早かった。「おごる平家は久しからず」の言葉通り、1185（元暦2）年3月の「壇ノ浦の戦い」によって平氏は滅亡し、その栄華は終わりを迎えたのである。

頼朝が手本とした「国守護人」と「地頭」

現在の教科書は平氏政権について「摂関政治に似たもの」「貴族的な性格が強かった」と解説しているが、それは清盛が貴族と同じように朝廷内での栄達を目指し、その権威の後ろ盾を天皇家との外戚関係に頼ったからに他ならない。しかし、清盛の政治はそれほどまでに〝貴族的〟だったのだろうか。

平氏台頭の萌芽は、清盛の祖父にあたる平正盛《まさもり》の代に始まる。正盛は「桓武平氏」と呼ばれる軍事貴族の子として生まれた。軍事貴族とは、戦《いくさ》を専門とする下級貴族で、より位の高い貴族に武力をもって仕えていた。武士（侍）の元祖といわれる彼らは、まさに「侍者」（さぶろうもの)だったのである。

御所を警備する北面武士《ほくめんのぶし》や当時の警察にあたる検非違使《けびいし》として頭角を現した正盛は、武力に頼る白河上皇の治世の時流に乗じて勢力を拡大していった。正盛の特性は、朝廷の命によって打ち負かした相手を完膚《かんぷ》なきまでに打ちのめすのではなく、家人《けにん》として家来に取り込むことで、強大な軍団を手にしたことにある。その子・忠盛も父の路線を継承し、院政を敷く白河上皇の武力的支柱となり、その立場を次代の鳥羽上皇の院政期になっても堅持。荘園経営や日宋貿易に積極的に関与することによって、軍事力だけでなく財力をも手にしていった。その勢力は、左大臣・藤原頼長がその日記『台記《たいき》』において、「数国の吏を経、富巨万を累《かさ》ね、奴僕《ぬぼく》国に満ち、武威人にすぐ」(数ヵ国の受領を歴任し、膨大な富を築きあげ、つき従う者は国中にあふれ、武人としての力量は抜きん出ている)と書き記すほどだったという。

このように、清盛の祖父と父がのし上がった背景には、圧倒的な軍事力と財力があった。貴族間の争いを武士(軍事貴族)が解決するという事例が繰り返されていくうちに、武士はその地位や経済力を向上させ、しだいに上流貴族を脅かす存在となっていったのである。

平氏台頭の契機といわれる1156（保元元）年の「保元の乱」、1159（平治元）年の「平治の乱」で貴族たちが見せつけられたのは、平氏の誇る圧倒的な軍事力であった。清盛の朝廷における栄達を支えたのも、その軍事力だったことは否めない。強大な軍事力を背景に、清盛は〝天下人〟となった。この事実から、平氏政権が頼朝の確立した鎌倉政権に先立つ日本初の「武家政権」だったのではないかという見方が成り立つのだ。

平氏政権を「武家政権」と見る理由はそれだけではない。清盛は自分の権勢を保持するために、支配地域である知行国に存在する武力集団を武士として系列化し、それを統率するために「国守護人《くにしゅごにん》」というそれまでの貴族政治にはない役職を置いている。また、荘園にはそれを警備するとともに、租税徴収などの役目を任せた「地頭《じとう》」を新設した。こうして清盛は、全国的規模で、武力集団の家人（家来）化を図ったのである。それはまさに、武家の棟梁を自認する行為であった。

平氏を滅ぼして為政者となった頼朝は、清盛が考案したこの「国守護人」と「地頭」の制度を参考に、「守護」「地頭」を設置し、領地を安堵《あんど》するという封建制度に基づいた武家政権を確立させたといわれているのである。

清盛は「六波羅幕府」を築いていた

平氏政権が〝貴族的〟とされる一因として、宮廷の官位を独占した一族のなかから、上流貴族の物真似をする者が多数出たことが挙げられる。貴族文化に傾倒した彼らは、紅、白粉、お歯黒を施すことで権威を示そうとしていた。こうした武士らしからぬ振る舞いが、「おごれる平氏は……」につながったことは否めない。

佛教大学教授の田中文英氏は、平氏政権の構造は新しい機構や制度を創設したものではなく、従来の権力機構の存続を前提としたとしながらも、「古代的ないし貴族的な政権として成立したことを意味するものではない」と述べ、清盛が築いた政権を「中世的な武家政

▲日宋貿易の航路として清盛が開削したとされる「音戸の瀬戸」（広島県呉市）に立つ「平清盛日招像」。公家の正装である束帯姿で、沈もうとする太陽を招き返している。

権」（『平氏政権の研究』思文閣出版）であったと評価している。

さらに、神戸大学名誉教授の高橋昌明氏は、鎌倉幕府を開いた頼朝が軍事警察権を握り、六波羅（後の六波羅探題）を内裏《だいり》大番《おおばん》の出先機関として本人は鎌倉から動かなかったことを指摘したうえで、「その目で見ると、摂津福原・六波羅に二拠点で構成された平家の政治権力は、鎌倉幕府のやり方を先取りしたものと言える」とし、「平氏のそれは『六波羅幕府』と呼ばれるのがふさわしい」（『平清盛』ＮＨＫプロモーション）と結論付けているのだ。

こうした見方への反論はあるものの、武家である清盛が太政大臣となり、朝廷と距離を隔てた福原に移動し、公卿の力を借りながら外から都の政治を動かしたのは紛れもない事実なのである。

源義経の悲劇

兄弟を不仲にさせた本当の犯人

現在の教科書

平氏の滅亡後，頼朝の支配権の強大化を恐れた（後白河）法皇が義経に頼朝追討《ついとう》を命じると，頼朝は軍勢を京都に送って法皇にせまり，（中略）逃亡した義経をかくまったとして奥州《おうしゅう》藤原氏を滅ぼした。

30年後の教科書

源平の争乱の最中，後白河法皇の策略によって義経に警戒心を抱いた頼朝は，監視役として派遣した梶原景時《かげとき》からの報告を受け，義経が鎌倉に入ることを禁じ，確執は決定的となった。

兄の覇権奪取に貢献した戦の天才

兄・源頼朝《よりとも》の号令のもと、一の谷・屋島・壇ノ浦の戦いに勝利して平氏を滅亡させた最大の功労者となりながら、頼朝が放った軍勢に追い詰められ、奥州平泉で非業の死を遂げた源義経《よしつね》は、日本史における屈指のヒーローである。後に「九郎判官《くろうほうがん》」と呼ばれた義経への同情や哀惜は、不遇な者や弱者の肩を持つ「判官贔屓《ほうがんびいき》」という日本人独特の感情を生んでいる。

源義経（幼名「牛若丸」）は、1159（平治元）年、清和源氏の棟梁・源義朝《よしとも》の九男として誕生した。母親は九条院（中宮・藤原呈子《ていし》）の雑仕女《ぞうしめ》（召使）から義朝の側室となった常盤《ときわ》御前《ごぜん》である。

義経が生まれた年の12月、「保元の乱」の後に勢力を伸ばした平清盛の打倒を狙った「平治の乱」において父・義朝が敗死したため、常盤御前は乳飲み子の義経を連れて大和国（奈良県）へ逃亡。その後、常盤御前が公家の一条長成《ながなり》に再嫁したことで、義経は鞍馬寺（京都市左京区）に預けられる。しかし、義経は僧になることを拒み、鞍馬寺から出奔。源氏とのかかわりが深い奥州藤原氏を頼り、藤原秀衡《ひでひら》に養育されたのだった。

1180（治承4）年8月、中央から遠く離れた平泉（岩手県平泉町）で育った義経に転機が訪れる。伊豆に流されていた異母兄（義朝の三男）・頼朝が、後白河法皇の皇子である以仁王《もちひとおう》が発した平氏追討の令旨《りょうじ》に応じ、平氏追討の狼煙《のろし》を上げたのだ。それを知った義経は、秀衡から借り受けた数十騎を率いて黄瀬《きせ》川（静岡県清水町）へと馳せ参じ、頼朝と初めて対面する（黄瀬川の対面）。頼朝は、曽祖父の義家が奥州の「後三年の役」で苦戦を強いられた時、弟・義光が京の官職を投げ打って駆けつけ、敵を滅ぼしたという故事を引き合いに出し、大いに喜んだといわれている。

その後、もうひとりの異母兄（義朝の六男）・範頼《のりより》とともに平氏討伐軍の指揮を任されることとなった義経は、1184（元暦元）年2月の「一ノ谷の戦い」（兵庫県神戸市）、1185（文治元）年2月の「屋島の戦い」（香川県高松市）、同年

▲壇ノ浦古戦場「みもすそ川公園」（山口県下関市）に立つ源義経像。船から船へと飛び移って敵の攻撃をかわしたという「八艘飛び」の伝説が再現されている。

3月の「壇ノ浦の戦い」（山口県下関市）などで天才的な能力を発揮。連戦連勝で平家を滅亡に追い込み、頼朝の覇権奪取に大いに貢献したのだった。

断崖絶壁から騎馬のまま駆け下りた「一ノ谷の戦い」における「逆落《さかお》とし」を例に出すまでもなく、義経は戦に関しての天賦の才に恵まれていた。しかし、その天賦の才が、さまざまな嫉妬や確執を生んでいたのである。

頼朝・義経の確執を招いた後白河法皇

「一ノ谷の戦い」で完勝を収めた義経は、鎌倉に戻った範頼と別れ、京の治安維持にあたっていた。1184年8月、後白河法皇はそんな義経を、検非違使《けびいし》・左衛門少尉《さえもんのしょうじょう》という役職に任じ、続いて従五位下という位を与えて昇殿を許す。

ところが、家人（家来）が許可なく任官叙任されることを固く禁じていた頼朝がこれに激怒し、義経を平氏追討の任から外してしまった。頼朝と義経との関係に、初めての亀裂が生じたのである。

元学習院大学学長で鎌倉時代史研究の第一人者である安田元久氏は、この一件を（義経は）「上皇による頼朝・義経の離間策」（『国史大辞典』吉川弘文館）に乗せられたと解説。日本医科大学名誉教授で歴史学者の奥富敬之《たかゆき》氏は『源氏三代101の謎』（新人物往来社）のなかで、「頼朝・義経二人の間に確執を起こさせた黒幕は、ここに判明した。後白河法皇である」と断言している。

この後、頼朝は範頼を平氏追討の大将とし、大軍とともに九州に向かわせたが、平氏の反撃にあって苦戦が続いたため、1185（元暦2）年2月、再び義経に出陣を命じた。すると、わずか150騎余りで参戦した義経が獅子奮迅の働きを見せ、「屋島の戦い」「壇ノ浦の戦い」で平氏一族を壊滅させたのである。

同年5月、平氏の捕虜を引き連れて意気揚々と鎌倉へ凱旋しようとした義経は、その手前の腰越《こしごえ》（鎌倉市南西部）で鎌倉入りを制止される。軍目付として義経の行動を監視していた梶原景時《かげとき》が送った報告書を読んだ頼朝が、義経の鎌倉入りを禁じていたのだ。

確執を決定づけた梶原景時の讒言

立命館大学教授の杉橋隆夫氏は、（景時は）「『逆櫓《さかろ》』の献策をめぐって源義経と対立を生じたといい、ついには彼を失脚に追い込んだ」（『日本大百科全書』小学館）と述べている。

「逆櫓の献策」とは、範頼軍の苦戦によって再び出陣を命じられた義経が摂津国の渡邊津（大阪市福島区）まで軍を進めた際、景時が「船の舳先《へさき》にも櫓を付け、前後どちらにも進める舟を用意すべきです」と進言したところ、義経は「はじめから逃げることを考えては縁起が悪い」と一蹴。強風によって3日はかかるといわれた海路をわずか4時間で渡り切り、屋島に奇襲攻撃を仕掛けて平氏を敗走させたという一件である。

この時、景時は九州にいたとの説もあり、「逆櫓の献策」はフィクションだと見る向きもあるが、戦後、景時が頼朝に宛てた報告書には、「義経が戦勝に奢って傲慢であるため、御家人たちは大いに反発しています。私が諫めても怒るばかりで、刑罰を受けかねません」との旨が記されていた。景時が義経に強い反感を持っていたのは事実であったようだ。前出の安田氏は、義経を失脚させた景時について「要領のよさと、巧みな弁舌によって、利己的な権勢欲で人をねたみ、おとしいれることが多かった」（前掲書）と解説している。

腰越で足止めを食わされた義経は、「恐るべき讒言《ざんげん》にあい、莫大な勲功を黙殺され、御勘気を被り、血の涙にくれております」と書いた「腰越状」と呼ばれる手紙を送って二心のないことを訴えたが、頼朝は許すどころか対面さえしなかったのである。

1185年6月、約1ヵ月にわたって腰越で足止めされた義経は、失意のうちに京へ戻った。國學院大學名誉教授の桑田忠親氏によれば、「そんなところに、一族のもてあましものである叔父の行家《ゆきいえ》が近づいてきて、謀反をそそのかしはじめた」(『新編 日本武将列伝』秋田書店)という。

行家とは、義経の祖父・為義の十男で、平氏追討の挙兵を頼朝に促しながらも行動をともにせず、木曽(源)義仲とともに入京して後白河法皇の知遇を得たが、頼朝とも義仲とも対立し、紀伊国(和歌山県)へ逃げ込んだ〝変わり者〟であった。そんな行家が義経に接近したことを知った頼朝は、同年10月、土佐坊昌俊《とさのぼうしょうしゅん》を刺客として京へ送り、義経の居館を強襲させる。頼朝がついに、義経追討を命じたのだ。

辛くも難を逃れた義経は、行家とともに後白河上皇の御所に参向して頼朝追討の院宣《いんぜん》(上皇が発給する公文書)を申請。同月18日に院宣を与えられ、頼朝との対決に向けた兵を集めはじめる。

ところが、鎌倉でそれを知った頼朝がただちに軍勢を京へ派遣すると、近畿一帯はパニックに陥り、院宣を受けた義経のもとに集まる兵はごくわずかであった。そんななか、謀反人は義経であるとの風評が広まったこともあり、義経と行家は九州での再起を決意。11月、わずかな手勢とともに大物浜《だいもつ》（兵庫県尼崎市）から出航するも、暴風雨に遭って難破してしまう。

その後、数名の従者とともに各地を転々とした義経は、藤原秀衡を頼って平泉へたどり着く。この間の1186（文治2）年5月、和泉国（大阪府）で捕縛された行家は斬首に処されていた。

1187（文治3）年10月、義経を匿っていた秀衡が病死したことで、義経の命運は尽きる。秀衡の跡を継いだ泰衡《やすひら》は、頼朝からの圧力に抗《あらが》うことができず、1189（文治5）年閏4月30日、義経が滞在していた衣川館《ころもがわのたち》を500騎の兵で襲撃。四方を囲まれた義経はついに観念し、妻の郷御前《さとごぜん》と我が子を刺殺した後、自刃して31年の生涯を閉じたのである。

コラム

日本人が大好きな「源義経＝ジンギスカン説」

兄・頼朝によって追い詰められ、奥州平泉で自刃したとされる義経が、死を装って北海道を経由し、大陸に渡ってジンギスカン（チンギス・ハン）になった――。「判官贔屓《ほうがんびいき》」の日本人にとって、実に夢のある伝説である。

徳川光圀《みつくに》が編纂させた史書『大日本史』には「世に傳ふ、義経衣川館《ころもがわのたち》に死せずして、遁《のが》れて蝦夷《えぞ》に至ると」という記述がある。また、東北地方から北海道へと至るルートには、不思議なことに義経の痕跡が残されているのだ。

義経とジンギスカンには、さまざまな共通点もある。義経が死んだとされる1189（文治5）年は、ジンギスカンが歴史の表舞台に登場する時期と一致する。モンゴルのジンギスカン伝説のなかには、源平合戦の場面とよく似た挿話がいくつも存在する。義経は「九郎」と呼ばれ、ジンギスカンは生涯を通じて「九」という数字にこだわった。ジンギスカンの孫・フビライが定めた国号「元」は、「源」の音読み「ゲン」ではないか。さらに、歴代の清の皇帝はジンギスカンの血を引いていると公言しており、6代・乾隆帝《けんりゅうてい》が自ら書き記したという歴史書には「私の姓は源といい、義経の末裔《まつえい》である。先祖は清和源氏から出ており、そのため国号を清と定めた」との記述が存在しているというのだが……。

3章 中世

鎌倉／室町／安土・桃山時代

	年代		出来事
☞P156	1192	建久3	**源頼朝が征夷大将軍に就任**
☞P162,178	1203	建仁3	**北条時政が初代執権に就任**
☞P170	1274	文永11	**文永の役**
☞P184	13世紀末		**前期倭寇出現**
☞P192	1336	延元元／建武3	**後醍醐天皇が南朝を創設**（南北朝時代〜）
	1338	延元3／暦応元	足利尊氏が征夷大将軍に就任
☞P198	1467	応仁元	**応仁の乱**（〜1477年）
☞P204	1493	明応2	**伊豆討入り**（北条早雲）
☞P184	15世紀後半		**後期倭寇出現**
☞P212	1543	天文12	**鉄砲伝来**
☞P226	1549	天文18	キリスト教伝来
	1560	永禄3	桶狭間の戦い
☞P218	1571	元亀2	**比叡山焼き討ち**
☞P228	1575	天正3	**長篠の戦い**
	1582	天正10	本能寺の変
☞P234	1586	天正14	**豊臣秀吉が太政大臣に就任**
☞P244	1592	天正20	**朝鮮出兵**（〜1598年）
☞P250	1600	慶長5	**関ヶ原の戦い**

鎌倉幕府の成立年

「1192《いいくに》つくろう」は間違い！

30年前の教科書

（源頼朝は）1192（建久3）年，（後白河）法皇の死後には，ついに念願の征夷《せいい》大将軍に任ぜられた。ここに武家政権としての鎌倉幕府は名実ともに成立した。

現在の教科書

1185（文治元）年，平氏の滅亡後，（中略）頼朝は諸国に守護《しゅご》を，荘園や公領には地頭《じとう》を任命する権利（中略）（など）を獲得した。こうして東国を中心にした（源）頼朝の支配権は，西国にもおよび，武家政権としての鎌倉幕府が確立した。

諸説が飛び交う鎌倉幕府の成立年

30年前の教科書にあるように、鎌倉幕府の成立は源頼朝《よりとも》が征夷大将軍に就任した「1192（建久3）年」であり、「1192《いいくに》つくろう鎌倉幕府」という年号の覚え方が、長期間にわたって普及していた。

同時代の中学教科書にも、以下の解説が記されている。

「1192年、頼朝は朝廷から征夷大将軍の職をあたえられて、武士のかしらの地位を認められた。征夷大将軍が政治をおこなう役所を幕府といい、頼朝が開いた幕府を鎌倉幕府という」（『中学社会 歴史的分野』日本書籍）。

ところが、現在の教科書では右ページに記したように、1185（文治元）年3月に平氏を滅亡させた源頼朝が、同年11月の「文治の勅許《ちょっきょ》」によって守護や地頭を任命する権利を朝廷から取り付けた「1185年」を強調しながらも、「鎌倉幕府が確立した」として幕府の成立年をぼかしている。

さらに、東京書籍の歴史教科書『日本史B』は、2014（平成26）年から、鎌倉幕府成立年の解釈として6つもの説を掲載している。

①頼朝が鎌倉に構えた屋敷に侍所《さむらいどころ》を設け、南関東と東海道東部の実質的支配を開始した1180（治承4）年
②頼朝の東国支配権を朝廷が事実上承認した1183年（寿永2）年
③頼朝が鎌倉に公文所と問注所を設けた1184（元暦元）年
④頼朝が守護・地頭の任命権を獲得した1185年
⑤頼朝が右近衛大将《うこのえだいしょう》に任命された1190（建久元）年
⑥頼朝が征夷大将軍に任命された1192年

そしてこの教科書は、④について、「現在ではこれを支持する学者が多い」としたうえで、「幕府をどうとらえるかによって、成立した時期も変わってくる」と説明しているのである。

そもそも「幕府」とは何なのか

山形大学教授の伊藤清郎氏は『日本大百科全書』（小学館）で、「幕」とは帳幕《ちょうばく》のことで、軍隊が行動する際に随時幕を用いてその陣を取り巻き、府としたところに語源があるとし、

「幕は莫（大という意）ないしは漠のことで、昔中国で衛青《えいせい》という者が匈奴《きょうど》を制した際、大砂漠の中に設けた府、つまり軍営に基づくともいわれる」という説を紹介している。

その後、王宮（宮中）の護衛長官である近衛大将を長とする「近衛府」が「幕府」と呼ばれるようになり、そこから転じて近衛大将の居館を指すようになった。そして同氏は、「1190年（建久1）源頼朝が右近衛大将に任ぜられると、鎌倉の居館は幕府とよばれ、92年頼朝が征夷大将軍になったあとも引き続いてその居館をさしたことから、武家政権の首長およびその居館をいった。歴史学では、鎌倉・室町・江戸幕府のように将軍を首長とする武家政権そのものを意味する」と結んでいる。

軍営を語源とする幕府という言葉が、やがて右近衛大将の居館を意味するようになり、さらに時代が下ってから、幕府は武家政権そのものを意味するようになった。京都大学名誉教授の上横手《うわよこて》雅敬《まさたか》氏によれば、「学術上の概念として『鎌倉幕府』が用いられ始めたのは、明治二十年（1887）ごろからである」（『国史大辞典』吉川弘文館）という。つまり、武家政権を意味する幕府という概念が頼朝の時代になかった以上、その成立年を特定することはできないのである。

室町幕府・江戸幕府の成立年は？

それでは、鎌倉幕府以降の室町幕府、江戸幕府の場合はどうなのだろうか。

現在の歴史教科書には、室町幕府について次のように説明されている。

「（足利）義満は1378（永和《えいわ》4）年、京都の室町《むろまち》に壮麗《そうれい》な邸宅《ていたく》（室町殿《どの》・花の御所《ごしょ》）をつくり、ここで政治をおこなっていたので、この幕府を室町幕府と呼ぶようになった」（『詳説 日本史B』山川出版社）。

「京都をおさえた尊氏《たかうじ》は新たに建武式目《しきもく》を定めて幕府再興の方針を明らかにし、ついで1338（暦応《りゃくおう》元）年に征夷大将軍となり、室町幕府をひらいた」（『日本史B』実教出版）。

このように、幕府成立年についての見解が分かれており、この他、鎌倉幕府が滅亡した1333（元弘3）年説、尊氏が「建武式目」を制定した1336（建武3）年説などがある。

一方、徳川家康が開いた江戸幕府については現在の教科書に、（家康は）「1603（慶長8）年、全大名に対する指揮権の正当性を得るため征夷大将軍の宣下を受け、江戸に幕府を開いた。江戸時代の幕開けである」と明記されているように、1603年説が通説となっている。

前出の上横手氏は「江戸時代以来、鎌倉・室町（足利）・江戸（徳川）幕府を一貫して幕府政治・武家政治とする見方が生まれた」とし、その考え方が「源頼朝・足利尊氏・徳川家康が征夷大将軍に任ぜられた時期を、鎌倉・室町・江戸幕府の成立とする説」につながったと解説。「征夷大将軍即幕府と見るのはあまりに形式的であるとし、それぞれの幕府の実質的成立を、より早い時期に求めるのが最近の傾向である」（前掲書）と述べている。こうした傾向を受け、徳川幕府の実質的な成立を、関ヶ原の戦いに勝利した家康が全国260余りの大名との主従関係を結んだ1600（慶長5）年後半とする学説も登場している。

鎌倉幕府の実態

実権を握ったのは政子だった

現在の教科書

1203（建仁3）年，頼朝の妻北条政子《まさこ》の父である北条時政《ときまさ》は，将軍の頼家を廃し，弟の実朝を立てて幕府の実権を握った。この時政の地位は執権《しっけん》と呼ばれて，子の義時《よしとき》に継承された（中略）これ以後，執権は北条氏一族のあいだで世襲されるようになっていった。

30年後の教科書

1203年（建仁3年），頼朝の妻北条政子《まさこ》は父である北条時政《ときまさ》と謀って将軍の頼家を廃し，弟の実朝を立てて幕府の実権を握った。時政は執権《しっけん》と呼ばれる地位に就いたが，常に政務の中心にあったのは政子であった。

北条政子の死によって時代が変わった

鎌倉幕府を開いた源頼朝を初代とする源将軍家が3代で途絶えた後、執権として幕政を主導した北条氏による政治体制を「執権政治」と呼ぶ。広義では、頼朝の妻であった北条政子の父・時政が初代執権となった1203（建仁3）年から、第16代執権・守時が没して幕府が滅亡した1333（元弘3）年までを指す。狭義では、5代執権・時頼が有力御家人を次々に排除し、執権職を退いてからも北条氏惣領（得宗《とくそう》）として権力を維持し続けたことなどから、執権政治の下限を得宗の独裁を決定づけた幕府の政変「霜月騒動《しもつき》」が起きた1285（弘安8）年とし、以降の政権は「得宗専制政治」と区別すべきとする学説が主流となっている。

執権政治の開始時期については、その本質が「鎌倉幕府の役職である執権を中心とした御家人による合議制」にあることから、合議制が確立した時点、つまりそれ以前の独裁政治が終焉を迎えた時点であるとする。京都大学名誉教授で中世史を専門とする上横手雅敬《うわよこてまさたか》氏は、「政子の時代までの政治は独裁的であり、鎌倉殿独裁政治に含めるのが妥当で、25年の政子の没後、泰時によって合議政治としての執権政治が『確立』されたということができよう」（『日本大百科全書』小学館）と述べている。

鎌倉幕府の政治を、①将軍（鎌倉殿）による独裁制 ②執権政治 ③得宗専制の3期に分類する学説は古く、京都帝国大学教授の三浦周行《ひろゆき》氏は1907（明治40）年に刊行した『大日本時代史 鎌倉時代史』（早稲田大学出版部）のなかで、前述した3区分における①期の終焉を「嘉禄元年（1225）の北条政子の死」と定義している。

初代将軍・頼朝でも初代執権・時政でもなく、幕府史上における重要画期は、政子の死であった。「尼将軍」と呼ばれた政子は、鎌倉幕府の最重要人物といえるほどの実力者だったのである。

2代・3代将軍の後見として幕政に参画

鎌倉幕府に訪れた最初の危機は、1199（正治元）年正月13日に、初代将軍・頼朝が他界したことだった。死因は前年末の落馬とされるが、幕府の正史『吾妻鏡』にその部分が欠落しているために定かではない。

この時、夫の死を受けて出家した政子は、2代将軍となった長男・頼家の後見となり、御家人の不満を抑えるために将軍の訴訟親裁権を停止するとともに、父・時政をはじめとする13名で構成する宿老会議に幕府の実権を委ねた。これに反発した頼家が重臣・安達景盛の愛妾を奪い、さらに景盛の誅殺を図っていることを知った政子は、「景盛を討つのなら、その前にわたしを討ちなさい」と叱責して事態を収めたが、母子の関係は冷めていったとされる。

そんな頼家が、嫡子・一幡《いちまん》を産んだ側室の父である比企能員《ひきよしかず》を重用するようになると、政子と時政は比企氏の台頭を警戒。頼家が1203（建仁3）年に重病に倒れると、頼家のすべての権限と所領を政子の次男（頼家の弟）・実朝《さねとも》と一幡とに分割譲与することを決した。そして、これを知った頼家が能員に時政追討を命じた直後、時政はその先手を打って能員を謀殺し、比企一族を一幡ともども滅亡せしめたのである。その後、政子に出家を強いられた頼家は伊豆修善寺に幽閉され、1204（元久元）7月、時政が放った刺客によって殺害された。

こうして、当時12歳の実朝が3代将軍に就任し、政子は再び後見として幕政に参画する。一方、執権となって幕政を掌握した時政は、外孫である畠山重保と酒宴の席で争った娘婿・平賀朝雅《ともまさ》からの讒訴《ざんそ》を受け、謀反の疑いありという濡れ衣によって畠山一族を滅亡させてしまう。重保に対する讒言は、朝雅の生母・牧の方（時政の後妻）を通じて時政に届けられたもので、畠山氏を討つと聞かされた時政の次男（政子の弟）・義時は、あまりの強引さに強く反対したという。しかし、畠山氏の領地である武蔵国への進出を目論んでいた時政は、政子からの批判をも押し切って、頼朝時代からの功臣であった畠山氏の誅殺を強行したのである。

御家人たちを結束させた名演説

ところが、時政と牧の方の野望は、それだけに留まらなかった。畠山氏滅亡の約2ヵ月後にあたる1205（元久2）年閏7月、将軍・実朝を殺害し、朝雅を擁立しようとしていた陰謀が明るみに出たのだ。この計画を知った政子は、ただちに御家人を時政邸に派遣して実朝を保護。時政と牧の方を伊豆国へ追放した。逃走した朝雅は数日後、幕命によって殺害されている。以降の時政は二度と表舞台に出ることなく、1215（建保3）年に伊豆国で死去することとなる。

この後、嫡子に恵まれない実朝の次期将軍として、後鳥羽上皇の皇子を朝廷から迎えようと考えた政子は、自ら京へ出向いて内諾を取り付けたが、1219（承久元）年に実朝が暗殺されてしまった。やむなく政子は、頼朝の遠縁にあたる左大臣・九条道家の子で、当時4歳だった頼経《よりつね》を4代将軍として後見にあたったが、こうした幕府内の混乱を見た後鳥羽上皇は、1221（承久3）年5月、倒幕をめざして執権・義時追討の宣旨を発する。鎌倉幕府最大の危機ともいわれる「承久の乱」が勃発したのだ。

この時、政子は、朝敵とされたことで動揺する御家人たちを鎌倉御所に集め、次のような演説を行っている。

「心をひとつにして聞きなさい。これは私の最後の言葉です。朝敵を滅ぼした頼朝殿が幕府を開いてから、あなたたちの官位も収入も上がったはずです。その恩は山よりも高く、海よりも深いのです。今、その恩を忘れた逆臣の讒言により、正義に背いた綸旨《りんじ》が下されました。名を惜しむ者は逆臣を討ち取り、3代にわたる将軍の恩に報いなさい。このなかに朝廷側につこうという者がいれば、まずこの私を殺し、鎌倉を焼き尽くしてから行きなさい」

この演説によって一致団結した御家人たちの活躍により、幕府軍は上皇軍に圧勝を収めた。乱の後、仏事供養に専念しながらも幕政を支え続けた政子は、1224（貞応3）年に急死した弟・義時の子である泰時に執権職を継がせた翌年の7月、69歳で静かに息を取ったのだった。

コラム

源氏3代の滅亡を招いた!? 将軍・頼朝の死の真相

平家を滅亡させ、全国の守護や地頭を任命する権利を得て、鎌倉に武家政権を樹立した源頼朝は、1199(建久10)年1月13日、53歳でその生涯を閉じた。

通説では、その死因は「落馬」とされている。御家人の稲毛重成が亡き妻の供養のため、相模川に相模橋(神奈川県藤沢市)という橋を架けた。その完成供養の式典に出席し、鎌倉に帰る途中に八的ケ原《やまとがはら》(辻堂)で落馬し、それが原因で17日後に死亡したというのだ。南北朝時代に成立した『保暦間記《ほうりゃくかんき》』は、「義広、義経、行家巳下の人々の怨霊現じて」と記し、頼朝は自らが死に追いやった亡霊を見たために落馬したとしているが、その一方、当時、頼朝が患っていた糖尿病の悪化により、前後不覚に陥ったのではないかとの説も提示されている。

また、江戸時代に徳川光圀《みつくに》が著した『真俗雑談』には、頼朝が女装して侍女の部屋に忍び込もうとしたところ、賊と間違えた側近の安達盛長に斬られたとある。武家の棟梁としてはあまりにも不名誉な死であるため、死因を落馬にすり替えたのではないかというのだ。

こうした憶測が絶えない理由は、鎌倉幕府の正史『吾妻鏡』に、建久10年1月の死の前後の記述がなく、落馬の一件が記されているのは死から13年も経った1212(建暦2)年2

月28日の項だからである。このあまりにも不自然な欠損は、後世に『吾妻鏡』を読んだ徳川家康が、敬愛してやまない頼朝の死に関して不具合な記述を見出したため、削除を命じたという憶測さえも囁かれている。

一方、根強く提議されているのが、頼朝暗殺説だ。そのなかで最も有力視されている〝犯人〟は、妻・政子および彼女の生家である北条一族である。江戸時代中期の逸話集『常山《じょうざん》紀談《きだん》』などには、政子が頼朝の浮気に激怒して殺害したという話が面白おかしく書かれているが、同じ政子を犯人としながら信憑性を感じさせる説も存在する。当時、朝廷との関係を深めようとしていた頼朝は、親幕派の九条兼実《かねざね》を関白に据え、1190(建久元)年に上洛した際に娘・大姫を入内《じゅだい》させようとするなど、さまざまな工作を進めていた。朝廷を意識したこのような頼朝の志向が、生粋の東国武士である北条一族に不信を抱かせた可能性は否定できない。この説では、一介の豪族に過ぎなかった北条一族が頼朝に近づいたのは権威を求めていたためであり、〝貴種〟である頼朝を神輿《みこし》に乗せて権力を手にした以上、すでに邪魔な存在でしかなくなっていたとする。朝廷との関係を深めて繁栄するのはあくまでも源氏であり、北条氏にとっては何の得にもならない。そして、源氏の血筋はわずか3代で途絶え、執権職を独占した北条一族が我が世の春を謳歌した。そこには何らかの陰謀が渦巻いていたのだろうか。

元寇（蒙古襲来）

蒙古軍が撤退した本当の理由

30年前の教科書

元軍の集団戦法やすぐれた武器に対して，日本軍の一騎打《いっきう》ち戦法はあまり効果をあげず，日本軍は苦戦した。しかし元軍も損害が大きく，たまたまおこった大風雨にあってついにしりぞいた（**文永の役**）。

現在の教科書

元軍の集団戦やすぐれた兵器に対し，一騎打《いっきう》ち戦を主とする日本軍は苦戦におちいった。しかし元軍も損害が大きく，内部の対立などもあって退いた（**文永の役《えき》**）。

忽然と姿を消した元・高麗連合軍

13世紀の初め、広大なユーラシア大陸を支配するモンゴル帝国を建国したチンギス・ハンの孫であるフビライ・ハンは、1271年に国号を元と改め、朝鮮半島の高麗を服属させた後、日本に朝貢貿易（元の属国として貢物を献じ、貿易を行うこと）を求める使者を派遣した。しかし、当時の鎌倉幕府の最高権力者であった執権・北条時宗がこれを拒否したため、フビライは日本侵攻を決意。1274（文永11）年10月3日、蒙古軍、高麗軍、漢軍、女真軍などで編制された総勢約3万の大軍が、高麗の合浦《がっぽ》（現在の韓国・慶尚南道）を出陣して日本へ向かった。

10月5日に対馬、14日に壱岐《いき》に上陸した大軍は、村を焼き払い、島民を殺戮《さつりく》して両島を制圧すると、10月20日に博多湾西部に押し寄せ、鎌倉幕府の御家人らとの激しい戦闘を繰り広げた。鎌倉武士たちは果敢に迎撃したが、戦い慣れた元軍の兵器、なかでも「てつはう」と呼ばれた炸裂弾や、毒矢を一斉に射かける集団戦術などに圧倒され、次第に押し込められていく。それでも、日が暮れたことで戦闘は中断し、決着は翌日に持ち越されたのである。

ところが、翌21日の朝が明けたとき、沿岸部に陣を張っていた元・高麗連合軍の兵士たちだけでなく、博多湾を埋め尽くしていた軍艦が、跡形もなく姿を消していた。元寇《げんこう》（蒙古襲来）の様子を記した書物として知られる『八幡愚童訓《はちまんぐどうくん》』には、次のような記述がある。

「夜も明ぬれば、廿一日なり、あしたに松原を見れば、さばかり屯せし敵もをらず、海のおもてを見わたすに、きのふの夕まで所せきし賊船一艘もなし」——。

元と高麗の史書が語る撤退の真相

日本にとってまさに未曽有の危機であった「文永の役」は、元軍の〝謎の撤退〟によって、突然、幕を閉じた。なぜ、元軍は撤退したのだろうか？

その理由は、本項冒頭の30年前の教科書にあるように、集団戦術や優れた兵器で日本軍を圧倒していた元軍は、「たまたまおこった大風雨にあって」退却したと説明されてきた。同時代の「中学社会 歴史的分野」（日本書籍株式会社）にも、「しかし暴風が起こり、多くの船と兵がしずんだので、元軍はひきあげた」との記述がある。しかし、『八幡愚童訓』には前述のように、「朝起きたら敵軍が消えていた」と書かれているだけで、「暴風」どころか「風」という言葉も見られないのだ。

元の正史『元史』の「日本伝」は、「文永の役」の顛末を次のように伝えている。

「冬十月、遠征軍は日本に進攻して日本軍を打ち破った。しかし官軍も統率を失い、また矢も尽き、そのあたりを掠奪し、捕虜を得ただけで帰還した」（『倭国伝 中国正史に描かれた日本』全訳注 藤堂明保・竹田晃・影山輝國／講談社）。

異民族による混成軍であったこともあり、「官軍（元軍）も統率を失い」という説明は、現在の教科書に記された「内部の対立などもあって」を思わせる。

一方、高麗王朝の歴史を記した史書『高麗史』によれば、緒戦の後に開かれた軍議において、戦闘続行を訴える高麗軍の司令官・金方慶《キムバンギョン》に対し、全軍の総司令官である忽敦《クドゥン》が次のように語ったという。

「疲乏の兵を策して、日ごとに滋すの衆に敵するは、完計に非ざるなり。軍を回すに若かず」

そして、「（劉）復亨、流矢に中《あた》る。先に舟に登り、遂に兵を引いて還る」（『高麗史日本伝 朝鮮正史日本伝』武田幸男編訳／岩波書店）。

つまり、総司令官の忽敦は10月20日の戦闘を終えた時点で、激戦に疲弊した兵たちでこれ以上戦っても、刻々と増強される日本軍には勝てないと判断しており、副将の復亨が流れ矢に当たって負傷したこともあり、自ら船に乗って帰還したと説明しているのだ。

神奈川大学名誉教授の北岡正敏氏は、著書『モンゴル襲来と国土防衛戦』（叢文社）のなかで、博多湾に押し寄せた軍艦から上陸用舟艇に乗り換え、少人数で上陸しようとした元軍を、海岸で待ち受けていた約5万の日本軍が攻撃。「元軍は壊滅状態になり、二〇日の夜には博多湾から撤退した」と述べている。

また、『高麗史』には前述した「遂に兵を引いて還る」の後に、「会々（たまたま）、夜、大いに風雨す」との記述が見られる。

元の大艦隊は、大陸へ引き揚げる途中の海上で、風雨に遭遇したのである。この一件は、11月の初めには日本にも伝えられ、公家の広橋兼仲は『勘仲記』と呼ばれる日記の11月6日の条に「俄逆風吹来、吹帰本国」（にわかに逆風が吹き、本国に吹き帰った）と書き残している。ここに登場した「逆風」が、〝神風〟に変化していくのだ。

「文永の役」の翌年、1275（建治元）年に書かれた『薩藩旧記』には「就中蒙古凶賊等来着者于鎮西、雖令致合戦、神風荒吹、異賊失命、乗船或沈海底、或寄江浦、是則非霊神之征伐、観音之加護哉」（蒙古の凶賊らが鎮西に来着し、合戦となったが、神風が吹き荒れて異賊は命を失い、船は海底に沈み、あるいは入り江や浦に打ち上げられた。これはすなわち霊神の征伐であり、観音の加護によるものだ）という文章が見られる。

すでにこの時点で、退却中の元軍が遭遇した「逆風」が、元軍を蹴散らした「神風」に変わっているのである。

〝神風思想〟の誕生と確立

「文永の役」の翌年、フビライは日本に使者を送り、再び通交を求めた。しかし、北条時宗は強硬姿勢を崩さないばかりか、使者を斬首に処す。さらに、1279(弘安2)年に派遣した使者がまたもや斬首されたことで、激怒したフビライは再度の日本侵略を決意。1281(弘安4)年5月3日、世界史上最大規模とされる約14万もの大軍を、九州へと向かわせたのである。

この「弘安の役」にまつわる記述を、30年前と現在の教科書とで比較する。

◆30年前の教科書

(元軍は)朝鮮半島からの東路軍と中国本土からの江南軍との2軍にわかれ、大軍をもって博多湾にせまった。しかし、日本軍によって上陸をはばまれている間に、今度もまた大暴風雨がおこって大損害をうけ、ふたたび敗退した(弘安の役)。

◆現在の教科書

(元軍は)約14万の大軍をもって九州北部にせまった。ところが博多湾岸への上陸をはばまれているあいだに暴風雨がおこって大損害をうけ、ふたたび敗退した(弘安の役《えき》)。

ふたつの教科書にもあるように、「弘安の役」における元軍の直接的な敗因は「暴風雨」であった。前回と同様、対馬、壱岐を経て、博多湾を目指した大軍は、日本軍の奮闘によって上陸を阻まれ、ほぼ全軍が海上に足止めされていた。そこへ閏7月1日の夜半、大型台風が九州北部を直撃。壊滅的な打撃を受けた元軍は、命からがら撤退した。本国までたどり着いた者は、14万のうち4万人に満たなかったという。

こうして、二度にわたった元寇(蒙古襲来)は、元軍の敗退、日本軍の勝利という形で収束した。鎌倉武士たちは、当時最強を誇った元軍の侵略から、祖国を守り抜いたのだ。「弘安の役」では、確かに大型台風が勝敗を決定づけたのだが、鎌倉武士が約2ヵ月間にわたって果敢に応戦し、元軍の上陸を阻んだことが台風直撃につながったのである。

それにもかかわらず「神風によって日本が勝利した」と歪曲されてしまったのは、戦場から遠く離れた京において、「異敵調伏《ちょうぶく》」の祈祷を続けていた公家衆が戦勝の報に触れ、神のご加護によるものだと盲信したことによるものであろう。「日本は神が開き、神によって護られている」という神国思想が、元軍の襲来、そして撤退という理解し難い一大事と結びついて増幅されたのだ。

元寇によって生まれた「神風思想」は脈々と語り継がれ、国威発揚をスローガンとした大正時代には、尋常小学校の教科書に「神風」という言葉が登場する。

「にはかに神風が吹きおこつて、敵艦の大部分は沈没し、溺れて死ぬものは数へきれないくらゐであつた」

そして神風思想は、第二次世界大戦の末期に編成された「神風特別攻撃隊」につながる。以降、「神風」という言葉は「向こう見ずで人命を粗末にすることのたとえ」(日本国語大辞典)という意味を持つようになったのである。

女性の地位

「鎌倉時代に低下した」は大ウソ

現在の教科書

（鎌倉時代後期には）女性の地位も低下の傾向をみせはじめた。女性に与えられる財産が少なくなり，また本人一代限りでその死後は総領《そうりょう》に返す約束つきの相続（一期分《いちごぶん》）が多くなった。

30年後の教科書

鎌倉時代の女性の地位は比較的高く，地頭になる女性も珍しくなかった。女性が夫の家に入る嫁入り婚が定着したのもこの時代で，家庭の統括権は女性に委ねられるようになった。

女性の社会進出が盛んとなった鎌倉時代

鎌倉幕府を開いた源頼朝《よりとも》の妻・政子は、1199（建久10）年に頼朝が急死すると、21歳で2代将軍に就任した頼家《よりいえ》（政子の長男）、頼家が追放された後、12歳で3代将軍となった実朝《さねとも》（政子の次男）の政治を補佐し、実朝の死後は自ら幕政の実権を握って「尼将軍」「鎌倉殿」と呼ばれた。同じ頃、朝廷では後鳥羽上皇の乳母《うば》であった藤原兼子《ふじわらのけんし》が権勢を振るい、「権門女房《けんもんにょうぼう》」と称されていた。幕府と朝廷を女性が牛耳っていたこの時代を生きた天台宗の僧・慈円は、著書である歴史書『愚管抄《ぐかんしょう》』に、次のように記している。

「女人入眼《にょにんじゅげん》の日本国、いよいよまことに也けり」（日本は古来、女性が入眼「物事が成就すること」する国といわれてきたが、それは真実だったようだ）

鎌倉時代の女性の社会的地位は、総じて高かった。それは政子や兼子のような上流社会の女性だけに限ったことではなく、京都大学名誉教授で中世史を専門とする上横手雅敬《うわよこてまさたか》氏は「婚姻形態は基本的に嫁入り婚であるが、女性の地位は比較的高く、所領の相続権をもっていた」（『日本大百科全書』小学館）と解説している。

現在は一般的である嫁入り婚は鎌倉時代に定着したものだが、平安時代までの主流であった「通い婚」（夫が妻の家に通う）とは違い、家庭に入ったことで妻の地位は高まり、家庭の統括権は女性に委ねられるようになった。ちなみに、夫の両親と同じ家で同居するようになったのは南北朝時代以降であるため、鎌倉時代の妻は舅《しゅうと》や姑《しゅうとめ》に気を使うこともなかったのである。

鎌倉時代は女性の社会進出が盛んになった時代でもあり、平安時代の末から鎌倉時代初期に描かれた絵巻物『病草子《やまいのそうし》』には「肥満借上」という女性の高利貸の姿が見える。埼玉学園大学名誉教授である服藤《ふくとう》早苗氏は、「金融業に従事する女性は多かった。室町期の『七十一番職人歌合《うたあわせ》』には100余の商工業者中、3割が女性であり、酒・餅《もち》・米・麹《こうじ》・豆腐・魚など食料品や絹や布などの繊維製品などの商工業者が女性であるとされている」（『日本大百科全書』小学館）と述べている。

服藤氏によれば、塩・灰・扇本・帯などを専売する「座」にも女性が進出し、責任者である座頭を務める女性も少なくなかったという。

さらに、鎌倉幕府が各地の荘園を管理支配するために設置した地頭職に就いた女性もいた。最初の女地頭とされているのは、下野国《しもつけ》（栃木県）の豪族・八田宗綱《はったむねつな》の娘である寒河《さむかわの》尼《あま》で、頼朝は自分の乳母を務めた彼女を1187（文治3）年、「女性たりといえども、大功あるによる也」とし、寒河郡と網戸《あじと》郷（ともに栃木県小山市）の地頭に任じたのである。

また、頼朝の伯母にあたる熊野鳥居禅尼や、幕府創設に功を成した梶原景隆の妻も地頭職に就いており、全国の地頭の名を記した名簿には「女」「室」「局《つぼね》」「妹」「母」といった文字が数多く見られる。土地の管理・租税の徴収・検断（警察権・裁判権）などの権限を持った地頭職に就いた女性は少なくなかったのだ。

ルイス・フロイスの見た日本人女性

本項冒頭に掲載した現在の教科書は、鎌倉時代の後半に女性の地位が低下したと書かれているが、室町幕府を開いた足利尊氏は鎌倉幕府が制定した法令「御成敗式目《ごせいばいしきもく》」を受け継ぎ、女性の所領の相続権や女性が御家人になることを認めていた。

戦国大名・今川義元《よしもと》の母である寿桂尼《じゅけいに》は、夫・氏親の死後、自ら領国支配に関する約30もの文書を発給。赤松政則の後妻・赤松洞松院《どうしょういん》も夫の死後、跡を継いだ養子・義村の後見として権力を握った。この両者は「女戦国大名」とも呼ばれている。また、大友氏の有力家臣・立花道雪《どうせつ》は1575（天正3）年、わずか7歳の娘・誾千代《ぎんちよ》を立花城（福岡県新宮町）の城主に据えた。時代が下って戦国時代に入っても、このような女性が存在したのだ。

1563(永禄6)年に来日し、1597(慶長2)年に長崎で没したポルトガル人のイエズス会宣教師ルイス・フロイスは、戦国時代の日本人女性を次のように見ていた。以下に挙げるのは、『ヨーロッパ文化と日本文化』(ルイス・フロイス著/岡田章雄訳。岩波書店)からの抜粋である。

「ヨーロッパでは夫が前、妻が後になって歩く。日本では夫が後、妻が前を歩く」

「ヨーロッパでは財産は夫婦の間で共有である。日本では各人が自分の分を所有している。時には妻が夫に高利で貸付ける」

「汚れた天性に従って、夫が妻を離別するのが普通である。日本では、しばしば妻が夫を離別する」

「ヨーロッパでは妻は夫の許可が無くては、家から外に出ない。日本の女性は夫に知らせず、好きな所に行く自由を持っている」

「われわれの間では女性が文字を書くことはあまり普及していない。日本の高貴な女性はそれを知らなければ価値が下がると考えている」

「ヨーロッパでは普通は女性が食事を作る。日本では男性がそれを作る」

「ヨーロッパでは男性が高い食卓で、女性が低い食卓で食事をする。日本では女性が高い食卓で、男性が低い食卓で食事をする」

「ヨーロッパでは女性が葡萄酒を飲むことは礼を失するものと考えられている。日本ではそれはごく普通のことで、祭りの際にはしばしば酔払うまで飲む」

フロイスによるこれらの記述は、武家や公家といった上流社会の女性だけでなく、庶民である一般女性たちの生き生きとした姿を表している。フロイスが目にした戦国時代の日本は、むしろ女性上位であったようだ。

倭寇

日本人だけではなかった海賊集団

30年前の教科書

（南北朝動乱の頃）倭寇《わこう》と呼ばれた日本人を中心とする海賊《かいぞく》集団が朝鮮半島や中国大陸の沿岸で猛威をふるっていた。

現在の教科書

南北朝動乱の頃，対馬《つしま》・壱岐《いき》・肥前松浦《ひぜんまつら》地方の住人を中心とする海賊《かいぞく》集団が，朝鮮半島や中国大陸の沿岸を襲い、倭寇《わこう》と呼ばれて恐れられていた。

東アジア各国の動乱に乗じた海賊集団

「倭寇」とは、13世紀末から16世紀にかけて環シナ海域（東シナ海・南シナ海）の朝鮮半島から中国南部、東南アジアにかけての沿岸を荒らしまわった海賊集団である。

「倭」は「日本」、「寇」は「外から侵入して害を加える賊」という意味から、「日本の海賊」と思われてきたが、その実態はさまざまな国の人間と民族が入り混じった複雑なものであったことがわかってきている。

13世紀末に倭寇が発生した原因は、１２７４（文永11）年と１２８１（弘安４）年の２度にわたる元寇（「文永の役」「弘安の役」）によって家族を虐殺された対馬・壱岐・五島列島などの島民による元・高麗に対する報復説、元を退け１３６８（正平23／応安元）年に建国された明の太祖・洪武帝《こうぶてい》（朱元璋《しゅげんしょう》）に屈せずに日本周辺に亡命した勢力による抵抗説、高麗の高官に騙し討ちにされそうになった藤経光という人物の復讐説など諸説あるが、詳細は不明である。

その頃の日本は、「建武の新政」を行った後醍醐天皇に対抗し、足利尊氏が光明天皇を践《せん》祚《そ》したため、１３３６（延元元／建武３）年より吉野の南朝と京の北朝に分裂して統一国家の体《てい》をなさない混乱期に入っていた。大陸では明が起こったばかりで、朝鮮半島では高麗の武将だった李成桂《イソンゲ》が1392(元中9/明徳3)年に李氏朝鮮を建国するなど、東アジア全体が不安定な時代に突入しており、その乱れた政情に乗じてさまざまな集団による海賊行為が頻発するようになったと考えられているのだ。

民族を超越した「マージナル・マン」

およそ200年間にわたって東アジア各国の沿岸を活動の場としてきた倭寇は、時期によってその性格が異なり、13世紀末から15世紀前半にかけて活動していた「前期倭寇」と、15世紀後半から16世紀にかけての「後期倭寇」に分類される。

「後期倭寇」は、モンゴルを警戒する明が、それまで推進していた南海貿易を中断して「海禁政策」に転換。貿易を生業としてきた中国人たちを厳しく取り締まるようになったため、その対抗策として武装化をはじめたといわれている。つまり、倭寇とはいっても、彼らの中心は明の締め付けによって国外へ逃亡したり帰国がかなわなくなったりした中国人だったのだ。密貿易の拠点は、浙江省の双嶼《そうしょ》と福建省の漳州月港だったが、明では密貿易者の一群をすべて倭寇と呼んだのである。

一方、「前期倭寇」の構成員については諸説がある。

李氏朝鮮の前王朝・高麗の歴史を記した『高麗史』には、１２２３（貞応２）年に「倭」が「寇」したという記述が見られ、鎌倉幕府の正史である『吾妻鏡』の１２３２（貞永元）年９月の条にも、「「鏡社（佐賀県唐津市）の住人、高麗に渡り、夜討を企て数多の珍宝を盗掠して帰朝せし」と記されていることから、早い段階で日本人による朝鮮半島に対する海賊行為が行われていたようだ。

この時期はまだ頻発も集団化もしていなかったが、その海賊行為を倭寇と見なす認識はすでに生まれていた。朝鮮半島や中国の史書に記された倭寇という表記は、読み下せば「倭ガ寇《あだ》ス」となり、豊臣秀吉による１５９２（文禄元）年の「文禄の役」と１５９７（慶長２）年の「慶長の役」、さらに１９３７（昭和12）年に始まる日中戦争も、中国側では「倭寇」と呼ぶことがある。「倭」からの「寇」は、その実態にかかわらずすべてが「倭寇」なのだ。

しかし、前記倭寇においても「日本人を中心とする海賊」と断定することは難しく、近年ではその解釈に変化が見られる。

元東京大学教授である田中健夫氏は『日本中世対外関係史の研究』（博士論文）などにお

いて、朝鮮半島沿岸の海賊行為には半島の賤民が主力となって関わっていたにもかかわらず、高麗国および李氏朝鮮の史書において「倭寇」としたのは、〝外患〟を強調することによって、賤民の反乱という〝内憂〟を隠蔽する意図があったのではないかと述べている。

また、東京大学名誉教授の村井章介氏は『中世倭人伝』（岩波書店）などで、国家の概念が明確ではなかった当時は、日本の九州や朝鮮半島沿岸、中国沿岸といった環東シナ海の人々が国家の枠組みを超えたひとつの共同体を有しており、倭寇の本質は国籍や民族を超えた境界に生きる人々（マージナル・マン）の集団であり、日本人、朝鮮人といった分別は意味がないと結論づけている。

その証左として村井氏は、日本列島以外の地域、例えば紀元前6～4世紀の文献において、大陸にある燕《えん》の属国に「倭」という記述が使われていることを指摘。ゆだねるという意味の「委」に人が加わった字形で、「ゆだねしたがう人」という意味を持つ「倭」という漢字は、本来は属国、および属国人などを指したもので、日本や日本人に限定されたものではなかったとも考えられるのだ。

そういう意味で捉えれば、1世紀から3世紀前半の中国で著された『魏志倭人伝』や『後漢書』に見られる「倭奴国」との表記も、「日本の奴国」ではなく「属国の奴（やっこ）の国」であったとの説もある。

一方、朝鮮半島の『高麗史』には、1380（天授6／康暦2）年に錦江河口《クムガン》の鎮浦《じんぽ》に500隻の軍勢で攻め込んだ阿只抜都《あきばつ》という名の「前期倭寇」の少年首領が登場する。その出自は不明だが、阿只抜都は銅面を付けていたと記されており、日本で顔面全体を覆う「面頰《めんぼう》」が普及するのは16世紀後半の戦国時代であることなどから、阿只抜都が日本人であった可能性は低いといわれているのである。

東シナ海を荒らし回った王直

その構成員がいかなる民族であったとしても、環シナ海域の国々が「倭寇」の脅威に晒され、防衛対策に頭を悩ませていたのは歴史的事実である。周辺国は倭寇に対してどのような対策をとったのだろうか。

「前期倭寇」の時期である1419（応永26）年、李氏朝鮮が突如として対馬に攻め込んだことが確認されている。

当時の室町幕府は、4代将軍・足利義持が、明からの使いを追い返したことへの報復と誤解して慌てたというが、この攻撃は朝鮮独自の判断によるものであり、その目的は倭寇の根絶にあった。対馬は倭寇の根城と目されていたのだ。この時、朝鮮の3代国王・太宗《テジョン》は、対馬の守護大名である宗貞盛《そうさだもり》をターゲットから外し、倭寇のみを攻撃するように指示したという。このことからも、倭寇が無政府状態にある混沌とした集団であったことが推測されるのだ。

　朝鮮軍は目覚ましい成果を挙げることができずに撤退したが、この事件によって対馬をはじめとする九州の守護大名が倭寇の取り締まりを強化する一方、帰化させるなどの懐柔策をとったことで、「前期倭寇」は徐々に衰退していったといわれている。

　密貿易を生業とする「後期倭寇」の取り締まりに執念を燃やしたのは、1547（天文16）年に浙江省に派遣された朱紈《しゅがん》であった。彼が行った包囲攻撃などによって密貿易者の大半は殺害・捕縛されたが、そのあまりの苛烈さによって失脚してしまう。この直後から、平戸・五島列島を根拠とする中国人の王直《おうちょく》を頭目とする一派が東シナ海に君臨。当初は密貿易の他、倉庫の斡旋などを行っていたが、1520（永正17）年に明当局から追放処分を受けると、数百隻の船団を率いて中国沿岸を荒らし回った。これが、後期倭寇の頂点といわれる「嘉靖《かせい》の大倭寇」である。しかし、これに手を焼いた明当局が本国に帰還すれば貿易を許すとして投降を勧めると、王直は1557（弘治3）年に千人余りの手下とともに降伏。その2年後、投獄のうえ処刑された。

その後の倭寇は、豊臣秀吉が1588（天正16）年に発した「海賊（倭寇）取締令」によって日本近海から締め出され、明の海禁政策が緩和されたこともあり、16世紀の末までには姿を消している。

前出の田中氏によれば、16世紀の倭寇のうち「真倭」と呼ばれた日本人は10〜20パーセントであり、大半は「偽倭」「仮倭」「装倭」などと呼ばれた中国人であったという。

南北朝の分裂

きっかけは後嵯峨法皇の偏愛だった

現在の教科書

後嵯峨《ごさが》法皇が亡くなると，天皇家は後深草《ごふかくさ》上皇の流れをくむ持明院統《じみょういんとう》と亀山《かめやま》天皇の流れをくむ大覚寺統《だいかくじとう》にわかれて，皇位の継承や院政をおこなう権利，天皇家領荘園の相続などをめぐって争い，ともに鎌倉幕府に働きかけて有利な地位を得ようとしていた。

30年後の教科書

後嵯峨天皇は，嫡子の後深草天皇に譲位して院政を開始すると，後深草天皇に譲位を迫ってその弟・亀山天皇を皇位につけた。さらに，その次帝にも後深草の子を差し置いて亀山の子（後の後宇多天皇）を皇太子とした。これが，南北朝分裂の発端となった。

御嵯峨天皇の〝偏愛〟による両統分裂

南北朝時代とは、足利尊氏が吉野（奈良県南部）に逃れた後醍醐天皇に対抗して光明天皇を擁立し、北朝を開いた１３３６（建武３）年から、南朝４代の後亀山天皇が吉野から京に戻り、南北朝合一を果たした１３９２（元中９／明徳３年）年までの57年間を指す。また、後醍醐天皇が「建武の新政」を開始した１３３３（元弘３／正慶２）年からの60年間とする説の他、すでに鎌倉幕府が滅んでいたことから、室町時代の一部とする見方もある。いずれにせよ、南北朝時代は、京と吉野に２つの朝廷とふたりの天皇が存在し、２種類の元号が使用されていた、まさに国が分裂していた時代であった。

そもそも、なぜ朝廷は分裂したのだろうか。その理由をわかりやすく記したのが、右ページに挙げた30年後の教科書である。

鎌倉幕府３代将軍・源実朝《さねとも》が没した２年後の１２２１（承久３）年、後鳥羽上皇が幕府追討の宣旨を出して挙兵し、「承久の乱」が勃発した。約１ヵ月に及ぶこの乱を鎮圧した幕府は、後鳥羽・順徳・土御門《つちみかど》上皇を、それぞれ隠岐《おき》・佐渡・土佐に配流《はいる》。順徳天皇の第一皇子だった当時の仲恭《ちゅうきょう》天皇を廃したうえで、後鳥羽天皇の兄・守貞親王の子である後堀河天皇を即位させ、皇位に就いたことのない守貞を御高倉院と称して院政を行わせた。その後、後堀河天皇はわずか2歳の四条天皇に譲位して院政を敷いたが、1242(仁治3)年、12歳の四条天皇が没してしまう。そこで、朝廷は順徳天皇の皇子・忠成《ただなり》王を立てようとしたが、幕府は承久の乱にかかわった順徳天皇の子であることから強く反対。乱に関与していなかったにもかかわらず、自ら配流を申し出た後鳥羽の第一皇子であった土御門天皇の第三皇子を後嵯峨天皇として即位させた。この後嵯峨天皇が、南北朝分裂の原因をつくるのである。

後嵯峨天皇は、在位からわずか4年後の1246(寛元4)年、当時4歳の第三皇子・後深草天皇(久仁《ひさひと》親王)に譲位して院政をはじめる。しかし、後嵯峨上皇は後深草天皇ではなく、英明闊達といわれるその弟の恒仁《つねひと》親王を愛していたため、1259(正元元)年に後深草に譲位を迫り、恒仁を亀山天皇として即位させた。これにより、弟に天皇の座を譲った後深草は、父・後嵯峨上皇が健在であるために院政を敷くこともできず、中途半端な存在となってしまう。しかも、1268(文永5)年に出家して法皇となった後嵯峨は、後深草に熙仁《ひろひと》という皇子がいるにもかかわらず、亀山天皇の皇子・世仁《よひと》を皇太子に指名したのである。

「大覚寺統」対「持明院統」の抗争

世仁親王の立太子から4年後の1272（文永9）年、次の「治天《ちてん》の君《きみ》」を定めないままに後嵯峨法皇が崩御した。「治天の君」とは天下を治める者という意味で、本来は天皇を指す言葉だが、当時は院政を敷く上皇に対して使われていた。つまり、崩御前の後嵯峨法皇が「治天の君」であり、次の候補者は亀山天皇に譲位した後深草上皇以外にはありえないと思われた。

ところが、後嵯峨は後深草を指名しなかったため、鎌倉幕府が後深草・亀山の生母である大宮院に後嵯峨の真意を訊ねたところ、法皇は亀山の親政（天皇自らが政治を行うこと）を望んでいたと答えたため、亀山天皇の親政が実現。翌1274（文永11）年、8歳の世仁親王を後宇多天皇として即位させた亀山が院政を開始したことで、無視されたかたちとなった後深草上皇の不満が爆発したのである。

そこで後深草は、上皇待遇の辞退と出家の意思を表明し、関東申次《かんとうもうしつぎ》（幕府と朝廷との取り次ぎ役）の公卿・西園寺実兼を通じて幕府に揺さぶりをかける。すると幕府は、両上皇の対立を緩和すべく、後深草の熈仁皇子を亀山の猶子《ゆうし》（養子）とし、皇太子とすることで事態の収拾を図った。しかし、その後も治天の君・天皇・皇太子の座を巡る両派の争いは収まるどころか激化の一途を辿ったのだった。

やがて、後深草の皇統は御所とした持明院殿（京都市上京区）に因んで「持明院統」と呼ばれ、亀山の皇統は後宇多法皇の御所が大覚寺（京都市右京区）にあったことから「大覚寺統」と称されるようになった。その後両統は幕府の介入などによって、原則的に10年を期限とし、大覚寺統と持明院統が交互に皇位につくという「両統迭立《りょうとうてつりつ》」に合意したが、それで問題が解決したわけではなかった。

南北朝時代の契機となった「建武の新政」

1318（文保2）年に即位した大覚寺統の後醍醐天皇は、父・後宇多上皇が次帝にしたいと考えていた孫（後醍醐天皇の甥）・邦良《くになが》親王が成長するまでの〝中継ぎ〟として擁立されたため、子孫を皇位につけることを禁じられていた。その立場に不満を募らせた後醍醐天皇が密かに倒幕を目論むと、それを知った幕府は1331（元弘元）年に持明院統の光《こう》厳《ごん》天皇を即位させ、後醍醐を隠岐《おき》に流した。ところが、後醍醐天皇は「悪党」と呼ばれた反幕府勢力と手を組んで隠岐を脱出し、1333(元弘3)年に倒幕を目指して挙兵する。後醍醐の皇子・護良《もりなが》親王や楠木正成らがこれに呼応した。

こうした動きを見た幕府軍の指揮官・足利高氏(後の尊氏)は、後醍醐のいる伯耆《ほうき》国(鳥取県中西部)に兵を進める途中で幕府への謀反を宣言し、京へ入って六波羅探題《ろくはらたんだい》を制圧。その直後、関東で挙兵した新田義貞が鎌倉を攻め、鎌倉幕府を滅亡させたのである。高氏はこの時、後醍醐天皇に勲功第一と称賛され、30カ所の所領と従四位下、鎮守府将軍・左《さ》兵衛督《ひょうえのかみ》の冠位官職、さらに天皇の諱《いみな》から一字を賜って尊氏と改名した。

京へ戻った後醍醐天皇は光厳天皇を廃位し、1334(建武元)年に「建武の新政」と呼ばれる親政を開始した。ところが、朝廷権威の復興を目指す理想主義的な政権は、尊氏の離反によってあっけなく崩壊してしまう。そして1336(建武3)年、天皇に反旗を翻した尊氏が京を制圧し、持明院統の光明天皇を擁立。吉野に逃れた後醍醐天皇が自らの正統性を主張したことで、朝廷および皇族の分裂は決定的となり、持明院統(北朝)と大覚寺統(南朝)による南北朝時代が幕を開けたのである。

戦国時代の幕開け

「応仁の乱」ではない！

現在の教科書

畠山《はたけやま》・斯波《しば》の両管領家《かんれいけ》に家督《かとく》争いが起こり，ついで将軍家でも（中略）家督争いがおこった。（中略）細川勝元《かつもと》と山名持豊《もちとよ》（宗全《そうぜん》）が，これらの家督争いに介入したために対立が激化し，1467（応仁元）年，ついに戦国時代の幕開けとなる応仁の乱が始まった。

30年後の教科書

1467（応仁元）年，室町幕府の管領《かんれい》・畠山《はたけやま》家の家督争いをきっかけに，全国の有力守護大名が細川勝元《かつもと》を将とする東軍と，山名持豊《もちとよ》（宗全《そうぜん》）率いる西軍とに分かれて戦う応仁・文明の乱が始まった。

戦国の幕を開いた畠山氏の家督争い

1467（応仁元）年から1477（文明9）年までのおよそ10年間にわたった応仁の乱は、勃発時の年号からそう呼ばれてきたが、戦いの大半は文明への改元後であり、全国的に拡大したのも文明年間以降のことであったため、近年は「応仁・文明の乱」と呼ぶのが主流となっている。

応仁・文明の乱の直接的なきっかけは、室町幕府の最高職である管領を交代で務める足利一門の「三管領」（斯波氏・細川氏・畠山氏）の一角をなす畠山氏で起こった家督争いであった。

1433（永享5）年、36歳で畠山氏の当主となった持国《もちくに》は、嫡子がなかったことから異母弟の持富《もちとみ》を後継者に据え、その子・政長を養子に迎えた。ところが、1437（永享9）年に妾が義就《よしなり》を産んだことで、家中は持国の嫡流である義就に家督を継がせるべきとする一派と、養子として迎えた以上、政長を擁立すべきとする一派とに分裂してしまう。

それでも持国は我が子を選び、1448（文安5）年に義就に家督を継がせると、これに反発した政長派が反乱の動きを見せたため、持国は武力をもってこれを鎮圧した。

そこで政長は、領国支配などを巡って持国との対立を深めていた三管領随一の実力者・細川勝元に助けを求める。勝元がこれに応じたことから、政長は義就が相続した河内（大阪府東部）・山城（京都府南部）などの領国で反攻を開始した。

その最中の1455（康正元）年、持国が没したこともあって戦局は政長側へと大きく傾き、1460（長禄4）年、政長は勝元と8代将軍・足利義政の側近である伊勢貞親の仲介によって、畠山宗家の幕府に家督相続を認められる。その結果、河内・越中（富山県）・紀伊（和歌山県・三重県南部）3ヵ国の守護となった政長は、1463（寛正4）年に義就が籠《こ》もっていた河内嶽山城を制圧し、翌年には管領に就任したのだった。

細川氏と山名氏による全面戦争勃発

ところが、一度手にした畠山氏の家督を奪われた義就は、次の一手に出る。当時の勝元に対抗し得る唯一の人物であった山名宗全に助力を求めたのだ。

宗全（出家前は持豊《もちとよ》）を当主とする山名氏は、「三管領」に次ぐ「四職《ししき》」（赤松氏・京極氏・一色氏・山名氏）の家格ではあったが、1441（嘉吉元）年に赤松満祐《みつすけ》が6代将軍・義教《よしのり》を暗殺した「嘉吉の乱」が起きると、持豊は幕府軍の主力となって赤松氏を追討。満祐らを自害に追い込んだ功績によって9ヵ国を守護する大大名となった持豊は、8ヵ国を守護する勝元と肩を並べる存在となっていたのである。

勝元は当初、急速に勢力を拡大した宗全の娘婿となるなどして融和を図っていた。しかし、宗全が自害せしめた満祐の甥・則尚《のりなお》が義教暗殺の実行犯である叔父の則繁を討ち取り、勝元の仲介によって将軍・義政へ赦免を求めたことで、山名氏と細川氏の対立は決定的となる。勝元の口添えで幕府が則尚の出仕を許したことに宗全が激怒。赤松氏の撲滅を企図すると、それを察知した義政が諸大名に宗全追討を命じるという事態となったのだ。

これを受け、宗全は幕府に対する異心がないことを表明してことなきを得たが、赤松氏再興を支援する勝元に対する恨みは骨髄に徹していた。その恨みが冷めやらぬうちに、勝元への復讐を望む義就が助けを求めてきたのである。

1466（文正元）年、宗全を後ろ盾とする義就が上洛すると、将軍・義政はあっさりと政長を罷免し、義就を3ヵ国の守護に、宗全に与《くみ》する斯波義廉《よしかど》を管領に任じた。追い詰められた政長は、京の自邸に放火して上御霊《かみごりょう》神社（京都市上京区）に立て籠もり、攻め寄せる義就勢に応戦する。それを見た勝元が政長を助けるための大軍を京に集めると、宗全も負けじと兵たちを集結させた。都の大半を焼き尽くすこととなる「応仁・文明の乱」の火蓋が、ついに切って落とされたのである。

この大乱の原因は、本項冒頭の現在の教科書が記すように、将軍家の家督争い、斯波氏の家督争いが、畠山氏の家督争いと同一に語られることが多い。これらについて国際日本文化研究センター名誉教授で、中世史を専門とする今谷明氏は、「乱の経過からみてさしたる重要な意味はもたない」としたうえで、「両軍対立の基本はあくまでも畠山義就・政長の争いと、それに加担する山名、細川らの有力守護家の角逐である」（『日本大百科全書』小学館）と述べている。

都を舞台とする大乱を傍観した将軍

将軍家に起こった家督争いも、畠山氏とまったく同じ構図であった。

1464（寛正5）年、嫡子ができずにいた義政は、3年年少の異母弟・義視《よしみ》を次期将軍に据えようと考え、出家していた義視を還俗《げんぞく》させた。ところが、その翌年に義政の妻・日野富子が待望の男子（後の義尚《よしひさ》）を出産したことで、義政は我が子に将軍職を継がせたいものの、還俗させてまで後嗣とした義視との約束は反故《ほご》にできないという心境に陥った。そんな義政を置いて、富子は山名宗全を義尚の後見として擁立を図り、義視はその対抗勢力である細川勝元を頼ったのである。

大乱に至る経緯を見ても、山名氏と細川氏の間をさまよう義政の優柔不断はあきらかであり、東京教育大学名誉教授の芳賀幸四郎氏は、「それにしても応仁の乱の勃発とその傍観、土一揆の要求に押されての徳政令の発布、幕府財政の窮乏と民衆の窮状を無視しての奢侈《しゃし》生活、またその費用拈出《ねんしゅつ》のための対明卑屈外交など、義政の政治は失政の連続であった」(『国史大辞典』吉川弘文館)と断じている。

戦国時代のはじまりを告げた「応仁・文明の乱」は、1473(文明5)年3月に宗全が、5月に勝元が死去した後も続けられ、1477年、乱勃発の張本人である畠山義就が京から軍勢を退いたことを機に終焉を迎えた。10年以上続いた戦乱による被害について、乱と同時代に成立したと思われる『応仁略記』は、「二条より上、北山東西ことごとく焼野の原と成て、すこぶる残る所は将軍の御所ばかり」と記している。

北条早雲の正体

謎の「浪人」などではなかった!?

30年前の教科書

15世紀の末，京都からくだってきた牢人《ろうにん》の北条早雲《そううん》(伊勢宗瑞《そうずい》)は堀越公方をほろぼして伊豆をうばい，ついで相模《さがみ》に進出し，その子の氏綱《うじつな》・孫氏康《うじやす》の時には，後北条氏は関東の大半を支配する大名となった。

現在の教科書

15世紀の末，京都からくだってきた北条早雲《そううん》(伊勢宗瑞《そうずい》)は堀越公方をほろぼして伊豆《いず》を奪い，ついで相模《さがみ》に進出して小田原《おだわら》を本拠とし，子の北条氏綱《うじつな》・孫氏康《うじやす》の時には，北条氏は関東の大半を支配する大名となった。

「下剋上」の元祖といわれる戦国大名

下剋上《げこくじょう》を身上とする戦国大名の嚆矢《こうし》（パイオニア）といわれる北条早雲が、乱世の雄としてその名を轟かした最初の出来事は、１４９３（明応２）年、伊豆堀越（静岡県伊豆の国市）を本拠とし、伊豆国（静岡県南部と伊豆諸島）を領していた「堀越公方《くぼう》」の地位にあった足利茶々丸《ちゃちゃまる》（後の11代将軍・足利義澄の異母兄）を襲撃。その所領すべてを奪い取り、韮《にら》山《やま》城（静岡県伊豆の国市）の城主となった「伊豆討入り」である。

早雲が伊豆の国盗りに成功した当時、関東では鎌倉府の長官である関東管領の座をめぐって、扇谷《おうぎがやつ》上杉氏と山内上杉氏の争いが激化していた。そこで早雲はこの動乱に乗じ、扇谷上杉氏の家臣・大森藤頼《ふじより》から小田原城を奪取することを画策。献上品を差し出すなどして藤頼を油断させると、１４９５（明応４）年に「鷹狩りをしていた最中に小田原城の裏山に鹿を逃がしてしまったので、勢子《せこ》（鷹狩りの際、獲物を駆り立てたり、逃げるのを防いだりする役目の者）を城下に入れさせてほしい」との手紙を送った。藤頼がこれを許した直後、早雲は勢子に扮した兵士たちを送り込み、裏山からの奇襲によって小田原城を攻め落としたのだ。

その後も破竹の勢いで相模国（神奈川県の西部）まで勢力を拡大させた早雲は、後に関東の大半を支配することになる後北条氏（小田原北条氏）の祖となったのである。

桓武平氏の子孫・備中伊勢氏一族だった

小田原北条氏の初代であることから「北条早雲」と呼ばれる早雲だが、北条という姓は、早雲の子・氏綱《うじつな》が上杉朝興《ともおき》から江戸城を奪い、武蔵国（東京・埼玉・神奈川県の一部）に進出した前年の1523（大永3）年、鎌倉幕府の執権であった北条氏にちなんで名乗るようになったもので、早雲は一度も北条と称していない。また、早雲という名は、出家後に名乗った法名「早雲庵宗瑞」から取られたものであるため、北条早雲という名の人物は実在せず、正しくは氏を伊勢、通称を新九郎という。

30年前の教科書で「京都からくだってきた牢人（浪人）」と説明されている早雲の出自は、長きにわたって謎とされてきた。

江戸時代に成立した史書『北条記』（小田原記）には、「伊勢平氏葛原《かずらわら》親王的々の令孫伊勢新九郎入道宗瑞」と記されている。伊勢平氏とは、桓武天皇の子孫のうち平姓を賜った家系であり、葛原親王とは桓武天皇の第三皇子である。東国を本拠としたが、伊勢国（三重県）に移ったことから伊勢平氏と呼ばれる。

同書によれば、早雲は名門伊勢平氏一族ということになるのだが、後北条氏の歴史が綴られた『北条五代記』に「山城宇治の人也。又一説に大和在原ともあり」と書かれていたことなどから「山城宇治（京都府宇治市）説」と「大和在原（奈良県天理市）説」が浮上する。

さらにその後、明治時代に越前勝山藩（福井県勝山市）の藩主であった小笠原家から「小笠原文書」が発見され、そのなかに早雲自筆の書状があることがわかった。そこに記された「伊勢国関と申す所に在国に依って……」を検証した研究者が、「関氏」はそれほどの武士ではないと判断。早雲は伊勢平氏の出ではなく、これといった出自を持たない伊勢国（三重県）の出身」と結論づけたため、やがて「伊勢素浪人説」が定着してしまったという。

一方、今川氏の家譜『別本今川記』には「伊勢新九郎長氏と申人、其比備中国より京へのぼり……」とあり、小瀬甫庵《おぜほあん》の『大閤記』にも「備中国本知三百貫之領主」と記されていたことから、戦後になって備中国（岡山県西部）と早雲とのかかわりを検証した岡山大学の藤井駿《すすむ》氏が、「備中伊勢氏説」を発表。京都伊勢氏の一族が備中国荏原《えばら》荘（岡山県井原《いばら》市）の領主となり、そこで早雲が生まれたという説である。

この説を受け、小田原市の郷土史家である立木望隆《ついきもちたか》氏が、早雲の父は備中高越山《たかこしやま》城主・伊勢盛定《もりさだ》であり、その子・新九郎盛時こそが早雲であるとする論文を発表したのだった。

備中伊勢氏は桓武平氏・平維衡《これひら》の子孫とされる名家で、1480年代に盛定は室町幕府9代将軍足利義尚《よしひさ》の申次衆《もうしつぎしゅう》（将軍に奏聞を取り次ぐ役職）を務めていた。

その子・盛時と早雲が同一人物であったとの証左は、静岡大学名誉教授である小和田哲男氏が『熊野大社文書』の「米良《めら》文書」のなかから、1488（長享2）年に今川家の重臣が送った「盛時」と署名された書状を発見。当時の今川家の重臣で盛時と称した者は早雲以外に考えられないことから、伊勢新九郎盛時が北条早雲であったことがほぼ確実となったのである。

「伊豆討入り」までの早雲の動き

備中伊勢氏出身の早雲は、京都伊勢氏の一族である伊勢貞高の養子となって京へ上り、1464（寛正5）年ごろに6代将軍・足利義教《よしのり》の子である義視《よしみ》に仕えた。

その後、伊勢に下った早雲は駿河（静岡県）へ移り、姉・北川殿と結婚した今川家6代当主・義忠の義弟となる。義忠の死後、今川家の家督争いを収めた早雲は1487（長享元）年、当主となった甥・氏親《うじちか》より興国寺《こうこくじ》城（静岡県沼津市）を与えられ、城主として今川領国の東の守りを任された。『北条五代記』によれば、この時期の早雲は老人になりすまし、伊豆の情報収集にあたっていたという。そして1493（明応2）年、堀越公方の館を強襲し、戦国大名として乱世に名乗りを上げたのだった。

1516（永正13）年、相模一国を支配下に収めた早雲は、家督を氏綱に譲った翌年の1519（永正16）年、64年の生涯を終えている。

▲JR小田原駅西口ロータリーに立つ北条早雲像。小田原城を攻めた際、牛の角に松明を灯し、大軍に見せかけたという「火牛の計」伝説が再現されている。

コラム

〝美濃のマムシ〟斎藤道三はふたりいた!?

「美濃の蝮《まむし》」として恐れられ、下剋上の典型ともいわれる極悪非道な行為を繰り返し「戦国の梟雄《きょうゆう》」のひとりに数えられる斎藤道三(利政)。その波乱の生涯は、およそ次のように理解されてきた。

「北面《ほくめん》の武士」(上皇の御所の北面を詰所とし、警護にあたった武士)の子として生まれた道三は、幼少時に京の法華宗の妙覚寺に入門し、「法蓮坊」と名乗る。その後、寺を出て猿楽師の一行に身を寄せ、一文銭の中央にある穴を通して油を注ぐパフォーマンスによって人気を得た油の行商人となった。その評判が美濃の稲葉山城(後の岐阜城)の主・長井長広の聞こえるところとなり、呼び出された道三は武士として長広に仕えるようになる。

長広に気に入られた道三は、続いてその主君筋にあたる美濃の守護大名・土岐政頼《ときまさより》の弟である土岐頼芸《よりなり》に仕官すると、頼芸をそそのかしてクーデターを起こさせ、主君を守護大名の座に据えることに成功した。

この功績によって頼芸の家老となり、稲葉山城を与えられた道三は、愛妾である深芳野《みよしの》までも譲り受ける。

そして、異例な出世を遂げた道三を長広が疎むようになると、恩人である長広を殺害して長井家を乗っ取ったうえ、その姓を奪って長井新九郎規秀《のりひで》を名乗りはじめた。さらに、美濃国の守護代・斎藤利隆が没すると斎藤家の家督を巧みに相続せしめ、斎藤利政と改名した道三は、ついには主君である土岐頼芸に下剋上を仕掛け、美濃国の守護大名にまで上り詰めたのだった。

その後、隣国の織田信秀を攻めあぐねた道三は、娘の帰蝶(濃姫)を信秀の嫡男・信長に嫁がせて和睦。信長の将来性を見抜いた道三は、嫡男の義龍《よしたつ》に家督を譲って隠居するも、自分が土岐頼芸の子だと思い込んだ義龍に攻められて敗死した……。

作家の司馬遼太郎は『国盗り物語』において、道三の波乱に満ちた生涯を鮮やかに描いた。ところが近年、ある史料の発見によって、語り継がれる道三の生涯はひとりのものでなく、父子2代にわたる出来事だったのではないかという説が有力視されている。

「六角承禎条書《ろっかくじょうていじょうしょ》」という1560(永禄3)年に記されたその史料には、「斎藤義龍の祖父である新左衛門尉は、京都妙覚寺の僧侶をやめて美濃の混乱の際に出世した。義龍の父の左近大夫(道三)は主家を討ち殺して諸職を奪った」との旨が記されていた。この書状が書かれたのは道三の死の4年後であり、美濃と隣接する近江の南部を支配し、道三に追い出された土岐頼芸を保護していた六角氏のものであることから、信憑性は高いとみられている。

下剋上の象徴ともいわれる道三の数奇な人生は、父子2代にわたるものだったのだろう。

鉄砲伝来の実際

種子島だけではなかった

現在の教科書

1543（天文《てんぶん》12）年にポルトガル人を乗せた中国人倭《わ》寇《こう》の船が，九州南方の種子島《たねがしま》に漂着した。これが日本にきた最初のヨーロッパ人である。島主の種子島時尭《ときたか》は，彼らのもっていた鉄砲《てっぽう》を買い求め，家臣にその使用法と製造法を学ばせた。

30年後の教科書

日本に鉄砲を伝えたのは1543（天文《てんぶん》12）年に種子島に漂着したポルトガル人であるとされてきたが，近年ではそれ以前に，九州を中心とした各地に波状的に伝来したと考えられている。

2挺で金2000両だった!? 最新鋭の武器

1606(慶長11)年、薩摩藩初代藩主・島津忠恒《ただつね》の家老を務めた種子島久時《ひさとき》が編纂を命じた『鉄炮記《てっぽうき》』という書物が完成した。その書物には、およそ次のように記されている。

「1543(天文12)年8月25日、100人余りの外国人の乗った大きな船が、種子島南端にある西村の小さな浦(鹿児島県熊毛郡南種子町《みなみたねちょう》)に漂着した。言葉が通じなかったため、その船がどこから来たのか初めはわからなかったが、五峰という儒生(儒学を修めた者)と西村織部《おりべ》という人物が筆談をすることで、交流が始まった。船の乗員には3人のポルトガル人がおり、そのうちの牟良叔舎(フランシスコ)と喜利志多佗孟太(キリシタダモッタ)という者が鉄砲を所持しており、弾を発射する様子を実演して見せた。これを見た領主の種子島恵時《しげとき》と時尭《ときたか》の父子は、これを買い取り、鍛冶職人に命じて、国産銃の製造にあたらせた」

この時、種子島親子が、初めて目にした最新兵器を手に入れるために払った代金は、2挺で金2000両(約1億2000万円)という途方もない金額だったという。当時の種子島家には金2000両を供出するだけの経済力はなかったとの異論もあるが、この『鉄炮記』の記述が根拠となり、「1543（天文12）年、種子島に漂着したポルトガル人によって、鉄砲がはじめて日本に伝えられた」という通説が生まれたのである。

鉄砲は九州・西国地方に波状的に伝来した

近年、「鉄砲・種子島・初伝来」という、これまでの通説に異を唱える意見に注目が集まっている。そもそも鉄砲伝来に関する史料は、前出の『鉄炮記』以外は皆無に近かったため、同書を典拠とするしかなかったためである。

しかし、同書が伝来とされる年から60年以上も経った1606年に完成していることや、同書を書かせた人物が種子島家16代当主の久時であるため、先祖にあたる恵時（13代）と時尭（14代）の功績を、「鉄炮は伝来するとただちに戦いに投入され、旧来の戦闘技術を一変させ、城郭様式にも大きな影響をおよぼした」などと大げさに讃える意図が散見されることなどから、記述に関する疑問が呈されているのだ。

種子島にポルトガル人が漂着したことは、アントニオ・ガルヴァンというポルトガル人が記した『諸国新旧発見記』（1563年刊）のなかに、「1542年にアントニオ・ダ・モッタ、フランシスコ・ゼイモト、アントニオ・ペイショットの3人がシャム（現在のタイ王国）から脱走してリャンポー（双嶼《そうしょ》＝中国浙江省寧波《ねいは》の沖合いの島にあった密貿易港）へ向かう途中嵐に遭い、日本に漂着した」という記述があり、漂着した場所が種子島であったことは、イエズス会のポルトガル人宣教師ジョアン・ロドリゲスの『日本教会史』によっても裏付けられている。

こうしたことからも、種子島に漂着したポルトガル人が、領主である種子島父子に鉄砲を売ったことは事実だと考えられるのだが、問題は日本人が初めて鉄砲を目にしたのが、その時だったのかという点にある。

『諸国新旧発見記』の記述に「リャンポーへ向かう途中」とあるように、種子島に漂着したのは、リャンポーを拠点に活動していた中国人倭寇のジャンク船であり、乗っていた3人のポルトガル人も商人であった可能性が高い。

本項冒頭の教科書にも登場する「中国人倭寇」とは、室町幕府が明との間で行っていた勘合貿易が日本側の問題で1523（大永3）年に途絶した後、中国人を中心とした密貿易者たちによって活発化した「後期倭寇」と呼ばれるものだ。倭寇とはいっても、略奪行為ではなく密貿易を主な生業としていた彼らは、九州の博多商人らとも頻繁に取引を行っていた。彼らが取り扱ったのは、主に東南アジアの国々で仕入れた商品であり、そのなかには15世紀前半にヨーロッパで発明された鉄砲（火縄銃）も含まれていた。

国立歴史民俗博物館名誉教授で日本鉄砲史の第一人者である宇田川武久氏は、種子島父子がポルトガル人から買ったとされる鉄砲は、ヨーロッパで製造されたものではなく、東南アジアで改良を施されたものであった可能性が高く、種子島（１５４３年）以前にも倭寇によって日本に伝来していたという説を発表している。

『鉄炮記』に登場する「五峰」という儒生は、後期倭寇の首領として名を馳せた「王直《おうちょく》」と同一人物であるとの見方がほぼ定説化しているのだが、平戸に大邸宅を構えていた彼は五島列島を根拠としていた。

一方、王直の邸宅があった平戸藩の歴史を記した『平戸藩史』には、１５４３年に起こった相ノ浦（長崎県佐世保市）の戦いで、鉄砲が使われたという記述が見える。当時の平戸を領していたのは、１５４２（天文11）年に王直を平戸に招いたとされる松浦隆信であった。

こうしたことから、前出の宇田川氏は、鉄砲は種子島だけではなく、九州や西国地方に波状的に伝来したとしたうえで、「これまで唯一のように思われてきた種子島への鉄砲伝来は、数多くあったひとつの事例にすぎないのである」（『真説　鉄砲伝来』平凡社）と結論付けている。

世界最大級の鉄砲保有国となった日本

『鉄炮記』によれば、種子島にもたらされた鉄砲の製造法は、津田監物《けんもつ》という人物によって紀州の根来《ねごろ》（和歌山県岩出市）に伝わり量産されたという。その後、和泉《いずみ》国の堺（大阪府堺市）、近江国の国友（滋賀県長浜市国友町）、日野（滋賀県蒲生郡日野町）などでも鉄砲の生産が進められ、戦国武将たちに買い占められた。織田信長、豊臣秀吉の統一事業にも多大な影響を与えた鉄砲は、秀吉による１５９２（文禄元）年の「文禄の役」、１５９７（慶長２）年の「慶長の役」においても、朝鮮・明の連合軍を大いに苦しめたといわれている。

戦国時代末期の日本国内に存在した鉄砲の総数は50万挺以上ともいわれ、日本は伝来からわずか半世紀あまりで、世界最大の鉄砲保有国になったのである。

1章 先史
2章 古代
3章 中世
4章 近世・近代

比叡山焼き打ちの真実

大規模火災はなかった

現在の教科書

1570(元亀元)年，信長は姉川《あねがわ》の戦いで近江《おうみ》の浅井《あざい》氏と越前《えちぜん》の朝倉《あさくら》氏を破り，翌年には比叡山延暦寺《ひえいざんえんりゃくじ》の焼き打ちをおこなって，強大な宗教的権威を屈服《くっぷく》させた。

30年後の教科書

1570(元亀元)年，姉川《あねがわ》の戦いで浅井《あざい》氏と朝倉《あさくら》氏を破った信長は，その翌年，比叡山延暦寺《ひえいざんえんりゃくじ》の焼き打ちによって強大な宗教権力を屈服《くっぷく》させた。この焼き打ちは大規模なものではなく，ごく限定的におこなわれた。

信長と比叡山の奥深い因縁

近習の書記として織田信長に仕えた太田牛一《ぎゅういち》が1598（慶長3）年頃に完成させた信長の一代記『信長公記《しんちょうこうき》』には、「比叡山焼き打ち」をおよそ次のように説明している。

1571（元亀2）年9月12日、京都府と滋賀県にまたがる比叡山（延暦寺）を取り囲んだ3万の織田軍は、最澄が788（延暦7）年に建てた総本堂・根本中堂《こんぽんちゅうどう》をはじめ、山王二十一社、西教寺、八王子山、そして比叡山にある堂塔伽藍《がらん》をすべて焼き払い、僧侶、学僧、子供は見つけ次第その首を刎《は》ね、その犠牲者は3000人にものぼった。

この悪名高い「比叡山焼き打ち」は、敵に対して容赦がなかったとされる信長の行動の中でも、〝神仏をも恐れぬ蛮行〟と伝えられている。

甲斐（山梨県）の戦国武将・武田信玄をして、「信長とは、天魔波旬《てんまはじゅん》（欲界最上位の第六天にいる天魔）の変化《へんげ》なるものか」といわしめたという「比叡山焼き打ち」を、信長はなぜ決行したのだろうか。

当時、京都直近に広大な所領を有していた比叡山は、事実上、治外法権となっており、1568（永禄11）年に足利義昭を擁して上洛を果たし、「天下布武《てんかふぶ》」の名のもとに全国統一を目指していた信長にとっては邪魔な存在でしかなかった。1570（元亀元）年には、摂津国（大阪府北中部）において顕如《けんにょ》率いる石山本願寺が挙兵しており、信長は武力化した宗教勢力の排除に手を焼いていたのだ。

さらに1570（元亀元）年、姉川の戦いで破った朝倉義景《よしかげ》と浅井長政の軍勢が比叡山に逃げ込んだ際、信長は比叡山に対し「織田方に付くならば織田領の荘園を回復するが、それができないなら中立を保て。もし浅井と朝倉方に付くなら焼き討ちにする」と通告したが、比叡山はこれを完全に黙殺。怒りに震えた信長だったが、この時は結局、取り囲んだ比叡山に立て籠もった朝倉・浅井軍と講和を結ぶことを余儀なくされる。織田軍の主力部隊が長期間にわたって比叡山を包囲している間に、各地で敵勢力の反撃が始まり（第一次信長包囲網）、膠着状態を続けているわけにはいかなくなったのだ。

この一件が、信長の比叡山に対する憎悪を増幅させ、その9ヵ月後、ついに信長は大軍を比叡山に差し向けて再度包囲し、悪名高き焼き打ちを決行したのである。

大規模な火災の跡は認められなかった!

『信長公記』が、「数千の屍《しかばね》算を乱し(散乱し)、哀れなる仕合なり」と伝える「比叡山焼き打ち」の残虐ぶりは、同時代に生きた公家・山科言継《やましなときつぐ》の日記『言継卿記《ときつぐきょうき》』にも「僧俗男女三、四千人を切り捨て、堅田《かたた》(滋賀県大津市)等に火を放つ。大仏の破滅、問ふべからず。王法如何なる事有るべけんや。大講堂、中堂、谷々伽藍一宇も残さず火を放つ」と記され、宮中の女官が書き残した『御湯殿上日記《おゆどのうえのにっき》』などの文献にも同様の記述が見られる。

ところが、近年の発掘調査や研究が進められた結果、これまでの通説に疑問符が付けられているのだ。

そのきっかけは、滋賀県の教育委員会が1976(昭和51)年にスタートさせた比叡山発掘調査の結果、「大規模な火災の跡は認められなかった」「大量の人骨などは発見できなかった」と報告したことだった。

これを受け、静岡大学名誉教授の小和田哲男氏は『日本人は歴史から何を学ぶべきか』(三笠書房)のなかで、「土層のなかに建物が焼け落ちた痕跡が含まれているはずなのに、焼土層がないというのは、どう考えても不思議である」とし、「焼き討ちといっても、従来の〝全山の講堂が紅蓮《ぐれん》の炎に包まれ、大虐殺がくりひろげられた〟というイメージからはほど遠い、山火事程度の規模だったのではないか」という滋賀県教育委員会の見解に理解を示している。

興福寺（奈良市）の僧侶・英俊《えいしゅん》が記した『多聞院日記《たもんいんにっき》』には、焼き打ちの前年に訪れた比叡山の様子が次のように記されている。

「堂も坊舎も、一円、果て切れたる体なり。浅ましや浅ましや。僧衆は、おおむね、坂本に下りて乱行不法限りなく、修学廃怠のゆえ、此くの如し。一山、相果つる式なり」

この記述から、6代将軍・足利義教による1434（永享6）年の封鎖、細川政元による1499（明応8）年の建物破壊という2度の外圧によって、すでにこの時点で比叡山が荒廃していたことがうかがえる。さらに、ほとんどの僧（僧兵）は山を下って麓の坂本（滋賀県大津市）に拠点を移しており、比叡山はもぬけの殻の状態だった。修学をさぼって乱行や不法行為の限りを尽くす彼らはすでに宗教者ではなく、「一山、相果つる式なり」と英俊は嘆いていた。

こうしたことから、信長が焼き打ちした比叡山はかなり荒廃しており、少なくとも切り捨てられたという「三、四千人」もが存在していたとは思えないという疑問が投げかけられる。

前出の小和田氏は、日記を記した言継も女官も、現場を直接目撃して書いたわけでなく、京の都に入ってきた噂をそのまま記したのだろうとの見解を示したうえで、『信長公記』の記述についても「一級史料といえども、必ずしも信用できない」と述べている。そして、『信長公記』における太田牛一の記述は、信長の比叡山に対する攻撃の残虐性を大袈裟に記すことで、他の宗教勢力に対して、信長に逆らえば僧侶といえども容赦なく殺害されるという恐怖心を植え付けようとしたのではないかとの見解を示した。

また、城郭研究者の西ヶ谷恭弘氏は『考証 織田信長事典』（東京堂出版）において、「いわれている比叡山の焼き討ちとは、坂本地区の塔頭《たっちゅう》と山王神社に火を放ったことをいうのではないか」と推論する。『多聞院日記』にあるように、当時の坂本は比叡山の僧兵たちの拠点となっており、坂本＝比叡山という認識があってもおかしくないというのだ。

そもそも比叡山は開山以来「女人禁制」であり、女性や子供まで殺害されたという記述は、その現場が比叡山ではなく、坂本などの下界であったことを図らずも示しているとも考えられる。戦国史研究家の谷口克広氏も『信長の天下布武への道（戦争の日本史）』（吉川弘文館）のなかで、比叡山上に大規模な焼き打ちの痕跡が見られないことに触れ、「殺戮も八王子山を中心に行われたようである」との見解を示している。八王子山（牛尾山）とは、坂本の住人たちの信仰を集めた日吉大社（山王神社）の奥宮がある標高381メートルの小山のことだ。

信長による〝神仏をも恐れぬ蛮行〟とされた「比叡山焼き打ち」は、延暦寺の伽藍を含む山全体を焼き尽くし、3000人ともいわれる人々を殺戮した事件ではなく、比叡山勢力を屈服させるべく、彼らが拠点としていた坂本への攻撃に尾鰭《おひれ》が付き、大袈裟に喧伝されたものだったのではないかと考えられているのだ。

比叡山焼き打ちに反対した明智光秀

「比叡山焼き打ち」の規模や残虐性は措《お》くとして、1571（元亀2）年9月の総攻撃によって、信長が比叡山周辺から宗教勢力を排除したことは歴史的事実である。信長によって没収された延暦寺および坂本・日吉大社の寺領や社領は、明智光秀、柴田勝家、丹羽長秀、佐久間信盛、中川重政の5人の武将に配分された。坂本を任された光秀はこの地に坂本城を築城。ここを拠点として1573（天正元）年までに琵琶湖南部地域の平定に成功し、善政を施したといわれている。

しかし光秀は、それから9年後の1582(天正10)年6月2日、京の本能寺において、主君・信長に対し謀反を決行するのである。その時、坂本城の留守居役は光秀の嫡男で13歳だった十五郎が務めていたが、羽柴秀吉軍に包囲されるなか、安土城から移っていた重臣の明智秀満が火を放ち、城は明智一族とともに灰燼《かいじん》に帰したのだった。

その後の坂本城は、秀吉の命を受けた丹羽長秀によって再建され、織田勢力を二分した1583(天正11)年の賤ヶ岳《しずがたけ》の戦いにおいて秀吉方の軍事拠点となった。「比叡山焼き打ち」で生き残った僧侶たちは、ライバルたちを蹴落として信長の後継者に近づく秀吉に、山門復興を願い出たというが、秀吉は首を縦に振らなかった。そこで芦浦観音寺(滋賀県草津市)の三傑僧といわれた賢珍と詮舜の兄弟が秀吉に取り入り、13年後の1584(天正12)年、ようやく山門復興が許され、造営費用として青銅1万貫(約10億円)が寄進されたという。

ちなみに、信長が「比叡山焼き打ち」の決行を配下の武将たちに告げた時、明智光秀だけがそれに反対したという伝承が残されている。

コラム

"日本人初のキリスト教徒"ヤジロウの数奇な運命

1549（天文18）年8月19日、イエズス会の創設メンバーに数えられるキリスト教司祭フランシスコ・ザビエルが、薩摩（鹿児島県）に上陸して日本にキリスト教を伝えた。薩摩国守護大名・島津貴久に謁見して布教を許されたザビエルは、平戸（長崎県）や山口へ赴いてキリスト教を伝道。山口では5ヵ月間で500人もの信者を得ることに成功したと伝えられている。このザビエルによる布教活動の後、ポルトガル人のガスパル・ヴィレラ、ルイス・フロイスらが相次いで来日。1582（天正10）年頃になると、「キリシタン」と呼ばれたキリスト教の信者数は、肥前・肥後・壱岐などで11万5000人、畿内などで2万5000人、豊後でも1万人に達したという。

そもそもなぜ、ザビエルは日本にやって来たのか。また、日本語を解さない彼が、どうやって日本人にキリスト教を伝えたのだろうか。

1541年、ザビエルはポルトガル国王からの要請を受け、リスボンを出航して東インドへ向かった。彼の使命は、ポルトガルの植民地であったインドでの布教活動である。翌年5月、ゴアに到着したザビエルは、インド洋沿岸、セイロン島、マラッカ島などを渡り歩いて伝道に尽力したが、現地のイスラム教徒は白人であるザビエルを迫害し、キリスト教を受け入れようとしなかったのだった。

1547年、満足な成果を得られずに無力感に浸っていたザビエルのもとに、懺悔《ざんげ》を希望するひとりの青年が訪れた。「ヤジロウ（アンジロー）」と名乗るその青年は、かつて薩摩で商人として暮らしていた時、仕事上のトラブルで仲間と喧嘩を起こし、その相手を殺してしまったと告白。罪の意識に苛《さいな》まれながらも極刑を恐れ、ポルトガル船に乗ってマラッカに逃亡したが、ザビエルの存在を知り、罪を告白するためにやってきたのだという。その人柄と知性に魅せられたザビエルは、翌年に洗礼を受け、〝日本人初のクリスチャン〟となったヤジロウに神学を学ばせ、彼が話す日本の様子に強い興味を覚える。そして1549年、日本での布教を決意したザビエルは、ヤジロウを案内役としてゴアを出航し、薩摩上陸を果たしたのである。

神学を修めたヤジロウは、通訳・案内役の他、聖書や教典の翻訳にあたるなど、さまざまな面でザビエルの伝道を支えた。しかし、山口から堺を経由して京の都に入ると、街並みは戦乱によって荒廃し、朝廷や将軍の権威はすでに失墜していた。失意のうちに山口へ帰着したザビエルは、1551年に離日してインドへ帰着。翌年、中国での布教を目指したが、その途中で病死した。一方、ヤジロウは日本に残ったと思われるが、十数年後に中国の寧波（ニンポー）付近で、海賊に襲われて殺されたと伝えられている。

長篠の戦いの勝因

決め手は大量の鉄砲か？

現在の教科書

1575（天正3）年の三河の長篠合戦では，鉄砲を大量に用いた戦法で，騎馬隊を中心とする強敵武田勝頼の軍に大勝し，翌年近江に壮大な安土城を築き始めた。

30年後の教科書

1575（天正3）年の三河の長篠・設楽原《したらがはら》の戦いでは，敵の倍以上の兵力と鉄砲を効果的に用いた戦法で，強敵武田勝頼の軍に大勝し，翌年に近江に壮大な安土城を築き始めた。

信長が考案した画期的な新戦術「三段撃ち」

織田・徳川の連合軍が武田軍に大勝を収めた「長篠の戦い」は、近年、その決戦地が設楽原（愛知県新城市）であったことから「長篠・設楽原の戦い」とするのが主流となっている。

武田氏滅亡につながるこの戦いでは、織田信長が考案したとされる鉄砲隊の画期的な新戦術「三段撃ち」により、武田軍が誇る騎馬隊を圧倒したとされてきたが、この定説に対するいくつかの疑問が提示されている。

まずは語り継がれる定説を振り返る。

「長篠・設楽ヶ原の戦い」は、1575年5月21日の日の出とともに開始された。信長が足軽隊を武田軍の陣営近くまで攻めさせて挑発すると、武田勝頼は騎馬軍団による波状攻撃で連合軍の本陣へと攻め寄せる。そこで連合軍は、張り巡らせた馬防柵の向こう側から、一斉に鉄砲を発射した。

それでも、武田騎馬軍団はひるまない。当時の鉄砲は一度撃つと次の射撃までに弾込めなどの時間がかかるため、騎馬隊はその間に柵を乗り越えようと考えていた。ところが、鳴りやむはずの発射音は途切れることなく、騎馬武者たちは次々に倒されていった。

信長が考案した「三段撃ち」という新戦術により、3000挺の鉄砲がその威力を発揮し続けたのである。「三段撃ち」とは、3000挺の鉄砲を1000挺ずつ3列に並べ、最前列の鉄砲隊が撃っている間に、2列目の隊が火縄に火をつけ、3列目の隊が弾を込める。撃ち終わった最前列の隊は最後列へと移動する。信長はこの繰り返しにより、絶え間ない射撃を可能としたのだ。

武田軍の誇る勇将・猛将は次々に倒され、戦死者数は1万を数えたと伝えられている。「長篠・設楽ヶ原の戦い」に敗れた武田氏は、立ち直れないほどのダメージを受けた。

「三段撃ち」は不可能だったのか?

信長の独創を物語る「三段撃ち」の伝説は、江戸時代初期の儒家・小瀬甫庵《おぜほあん》が著した『信長記』に見える「鉄砲三千挺」「千挺宛放ち懸け、一段宛立ち替わり立ち替わり打たすべし」といった記述をもとにしている。ところが、甫庵の『信長記』をはじめ、数々の信長伝記の〝原書〟ともいえる『信長公記』に、そのような記述はないという。足軽衆として信長に仕えた太田牛一による『信長公記』は、誰もが認める一級史料である。

中世軍事史を専門とする國學院大學兼任講師の藤本正行氏は、まず、「長篠・設楽ヶ原の戦い」で使用された鉄砲は、3000挺ではなく1000挺だったという。『信長公記』の写本には「三千挺」と書かれたものがあるが、藤本氏が確認した太田牛一の〝自筆本〟には「千挺計」（およそ千挺）と記されているというのだ。

さらに藤本氏は朝日新聞の取材に対し、同書には「立ち替わり立ち替わり……」といった三段撃ちを思わせる記述は見られないことを指摘。当時の火縄銃は火縄が消えたり内部が詰まったりということが頻繁に起きるため、一定の間隔で撃ち続けるのは難しいとの見解を示したうえで、「撃つ間隔はどうしてもばらばらになる。三段撃ちに代表される多人数による連続した一斉射撃など絵空事でしかありません」と断言している。

時代考証家で作家の名和弓雄氏も『エッセイで楽しむ日本の歴史』（文藝春秋）所載「推理と実証、長篠合戦」のなかで、「1000挺を一斉に射つ状況などあり得ない。轟音と硝煙で命令号令の伝達方法はなくなる」「鉄砲1000挺ずつの入れ替わり3段射ちも空想の産物である」と述べているのだ。

一方、歴史家の鈴木眞哉氏は、信長が使用した鉄砲には配下の武将からの借り物が多く含まれていたという事実から、「一度も一緒に訓練したことのない兵士たちに、いきなり〈3段撃ち〉などという難しいことをやれといったところで、絶対にできるはずはない」と、別の視点から結論づける。そして同氏は、武田軍の1万5000に対して連合軍が3万8000と伝わる兵力の差に言及し、織田・徳川連合軍の最大の勝因を次のように分析している。

「武田軍も鉄砲を持っていたようだが、これだけ数が違い、馬防柵という防御陣地まで構えていればまず負けることはない」

連合軍は「かかれば退き、退けば食らいつく」

「長篠・設楽原の戦い」について、「この戦いを中世的騎馬軍団対近世的鉄砲隊との戦いなどとする位置づけは、あまりに短絡的すぎる」と主張するのは、『織田信長合戦全録 桶狭間から本能寺まで』（中央公論新社）を著した東京都港南中学校の教諭・谷口克広氏である。

武田軍の騎馬軍団の存在を疑問視する説は古くからある。その根拠のひとつは、武田信玄の戦略・武略を記した軍記『甲陽軍鑑』に見られる「武田軍の大将や役人は1000人ほどの一団を持つが、そのうち馬に乗るのは7、8人で、あとはみな馬を後ろに引かせて槍で攻撃する」という記述だという。時代劇などで描かれているものより、騎馬軍団は小規模だったのかもしれない。

それでは、設楽原で繰り広げられた戦いはどのようなものだったのか。

『信長公記』には、決戦の様子をおよそ次のように記している。

「一番の山県三郎兵衛が太鼓を鳴らして攻めてきたが、鉄砲に散々に打ち立てられて退いた。二番の武田信廉に対しては、敵がかかれば退き、退けば食らいついて、下知されたとおり鉄砲を射撃して過半を討ち取った。三番に西上野小幡党の赤武者が騎馬で突撃してきたが、身隠しの胸壁の間からの射撃を受け、過半が討ち取られた」

織田・徳川連合軍は馬防柵の向こう側に留まっていたのではなく、「かかれば退き、退けば食らいつく」といった攻防を繰り広げていた。鉄砲は三千挺ではなく千挺であり、「三段撃ち」はなかったとしても、連合軍はそれを効果的に使用し、敵を「散々に打ち立て」ていたのである。

豊臣秀吉出自の謎

やはり百姓の子だった“太閤”秀吉

30年前の教科書

信長の事業を引き継いだのは，尾張の農家にうまれた豊臣秀吉である。秀吉は信長につかえてしだいに才能をあらわし，有力な武将にとりたてられた。

現在の教科書

信長のあとを継いで，全国統一を完成したのは，豊《とよ》臣《とみ》（羽柴《はしば》）秀吉《ひでよし》である。尾張《おわり》の地侍《じざむらい》の家に生まれた秀吉は，信長に仕えてしだいに才能を発揮し，信長の有力家臣に出世した。

秀吉自身が唱えた「天皇の落とし子説」

1582（天正10）年6月、明智光秀が主導した「本能寺の変」によって主君・織田信長が討たれたことを備中高松城（岡山県岡山市）で知った羽柴秀吉は、驚異的なスピードで姫路へと引き返し、謀反を起こした光秀を「山崎の戦い」で成敗。翌年には、織田氏の世継ぎを巡って激しく対立した信長の重臣・柴田勝家を「賤《しず》ケ《が》岳《たけ》の戦い」で破り、信長の後継者であることを天下に知らしめた。その後、大坂城を築き、1585（天正13）年に関白となった秀吉は、正《おお》親《ぎ》町《まち》天皇から豊臣姓を賜り、翌年には太政大臣となり、豊臣政権を確立させたのである。

織田氏に小者として仕え、最高権力者にまで上り詰めた秀吉は、「戦国一の出世頭」などと称されるが、その前半生はまったくの謎に包まれている。秀吉が確実な古文書に登場するのは、信長の家臣として頭角を現しつつあった1564（永禄7）年、秀吉が28歳の時であり、それ以前の経歴は後に著された〝伝説的〟な書物に頼るしかない。その中でも判然としないのが、秀吉の出自である。

明るく、親しみやすい性格であった秀吉は、自らが低い身分の出身であることを隠そうとせず、極貧時代の生活についてよく話していたという。ところが、1585年、公家の中でも最高の家格を誇る五摂家(近衛《このえ》・九条・二条・一条・鷹司《たかつかさ》)が独占してきた関白職に就任すべく、近衛前久《さきひさ》の猶子(養子)となった前後から秀吉の言動に変化が生じる。この頃、御伽衆《おとぎしゅう》のひとりである大村由己《ゆうこ》に語って聞かせ、まとめさせた『天正記』の「関白任官記」には、およそ次のような記述があるのだ。

「秀吉の祖父は、禁中に仕えた萩中納言という人物である。現在の大政所《おおまんどころ》(摂政・関白の母に対する尊称)が3歳の時、中納言は讒言《ざんげん》によって都を追われ、尾張の飛保村雲というところで生活した。その後、成長した大政所は禁中に3年仕えて下国。しばらくして生まれたのが秀吉である」

中納言を務める由緒ある家に生まれた大政所は、禁中に3年仕えて単身で尾張へ帰国し、しばらくして秀吉を産んだ——。この記述は、秀吉が天皇家の血を引く皇胤《こういん》である可能性を示唆している。以後、いわゆる「秀吉皇胤説」が囁かれるようになったのである。

「秀吉皇胤説」と「日輪受胎説」との合成

これに続いて秀吉は、甥の秀次を養子として関白職を譲り、「太閤」(前関白の尊称)として政治を動かしていた1593（文禄2）年、高山国（台湾）へ宛てた国書において、いわゆる「日輪受胎説」を説いている。日輪、つまり太陽の光が懐中に入ったことで大政所が懐妊し、秀吉が生まれたというのだ。この文書で秀吉は、「太陽の子」であることを自称したのである。

この「日輪受胎説」は、秀次の侍医として仕えた儒学者・小瀬甫庵《おぜほあん》が1625（寛永2）年までに著した『太閤記』（『甫庵太閤記』）にも次のように継承された。

「父は尾張国愛智郡中村（愛知県名古屋市中村区）の住人、筑阿弥とぞ申しける。或時母懐中に日輪入給ふと夢み、已にして懐妊し、誕生しけるにより、童名を日吉丸と云しなり」

さらに、江戸時代中期に書かれた『絵本太閤記』では、「皇胤説」と「日輪説」とが〝合成〟されているのだ。

「幼少より武芸を好んだ弥助昌吉は、清洲城主・織田備前守《びぜんのかみ》に足軽として仕えたが、今川氏との合戦で膝を深く射られ、歩行困難になったために里へ戻って剃髪し、筑阿弥と号する。妻は持萩《もちはぎ》中納言保簾《やすかど》の娘だが、父が無実の罪によって都を追われたために尾張で成長し、やがて父の罪が赦されたことで母とともに都へ戻った。その後、尾張に帰国して弥助昌吉の妻となり、男子を授かることを日吉権現に祈ったところ、ある夜、日輪が懐に入る夢を見てたちまち懐妊し、男子を出産した」

秀吉は、「皇胤説」や「日輪説」を創作することによって、実際の父親の素性を隠そうとしていたことが窺《うかが》える。果たして、実際の父親は何者だったのだろうか。

秀吉の父・木下弥右衛門の正体

現在、秀吉の出自を記した書物として最も信憑性が高いとされているのが、1625～1676（延宝4）年の間に成立した『太閤素生記』である。著者の土屋知貞《ともさだ》が、甲斐の武田氏に仕えた父から聞いた話などをまとめたものだ。同書は、秀吉の生年を「天文五丙申年正月大朔日」（天文5年1月1日）としたうえで、父について次のように記す。

「父は木下弥右衛門という中中村（中村は、上中村・中中村・下中村に分かれる）の人で、織田信長の父・信秀に鉄砲足軽として仕えた。合戦で功を立てたが負傷によって中中村へ戻り、百姓となった。太閤と瑞龍院（秀吉の姉。後の秀次の生母）の二児をもうけ、秀吉が8歳の時に没した」

この記述は長らく定説として認知され、前述した『絵本太閤記』などにも影響を与えた。

本項冒頭に掲載した現在の教科書に見える「地侍」という言葉も、『太閤素生記』の「鉄砲足軽」をもとにしたものであろう。「地侍」とは、領国支配者と主従関係を結び、名字を持つことを許された侍身分の在郷有力者を指す言葉だが、木下弥右衛門が信秀の鉄砲足軽であったとすれば、「地侍の家に生まれた」との記述は正しいといえるのだ。

ところが、『太閤素生記』には何点かの問題がある。まず、秀吉の生年について國學院大學名誉教授の桑田忠親氏は、秀吉自身が書かせた前述の「関白任官記」のなかに、「誕生の年月を年ふるに、丁酉二月六日なり」との記述から、秀吉が生まれたのは「丁酉」、すなわち天文六年の二月六日であるとし、以降、秀吉の生年を天文五年とする歴史教科書等は見られなくなっている。

また、日本に鉄砲が伝来したとされるのは1543（天文12）年前後のことだが、この年は弥右衛門の没年（秀吉が8歳になった年）とほぼ一致する。1543年頃に没した弥右衛門が、「鉄砲足軽」であったことはありえないのだ。

さらに桑田氏は、木下という姓は妻方の実家の姓で、後に秀吉が木下藤吉郎と称した際に借用したものだろうと指摘している。秀吉の妻「おね」は、婿として尾張の杉原家に入った杉原定利の娘であるが、定利は播州龍野（兵庫県たつの市）の木下家の出であり、定利の嫡男・家定（おねの兄）は木下姓を名乗った。一方、秀吉の出身地とされる中中村周辺に木下という地名は見当たらない。こうしたことから、織田氏に小者として仕え、出世を重ねて侍身分となり、名字を必要とした秀吉が、ちょうどその頃に結婚したおねの名字を拝借したとの説が浮上する。秀吉が信長の小者となったのは１５５４（天文23）年、おねとの結婚は１５６１（永禄４）年とされている。

こうして見ると、秀吉の父が木下という名字を持っていたとは考え難く、弥右衛門は、平時には自作に加え、名主百姓（地主）の田畑を小作して生計を立て、戦時には地侍でもある名主百姓に従い、槍持ちや旗持ちなどの軽輩として従軍した自小作農（自作も行った小作農）であったと思われる。前

▲秀吉が頻繁に訪れたという兵庫県有馬温泉街には、有馬川をはさんで太閤秀吉像とおね像とが見つめ合っている。

出の桑田氏は「足軽の弓組か槍組に加わった農民の雇兵であったに相違ない」(『新編 日本武将列伝』秋田書店)と述べている。

つまり、本項冒頭に掲載した教科書の比較では、「地侍の家に生まれた」とする現在の教科書より、「農家に生まれた」とする30年前の教科書のほうが真実に近いといえるのだ。

なお、『絵本太閤記』に秀吉の父として登場する「弥助昌吉」は、弥右衛門の通称とする説もあるが定かではない。弥助昌吉が剃髪して号したとする「筑阿弥」(『太閤素生記』では「竹阿弥」)は、戦場での負傷によって弥右衛門が没した後、秀吉の母が再婚した相手、つまり秀吉の継父との説が有力だが、生没年とも不詳である。

コラム

光秀の子孫が提唱した「本能寺の変」新たなる〝真相〟

1582（天正10）年6月2日に京の本能寺で発生した「本能寺の変」は、主君・織田信長を自刃に追い込んだ明智光秀の謀反劇として知られている。天下統一を目前にしていた信長が、家臣の裏切りによって非業の死を遂げたこの大事件についてはこれまでに、信長に〝いじめられた〟光秀のノイローゼ・私怨説の他、羽柴（豊臣）秀吉、朝廷、堺商人、イエズス会などが陰で糸を引いたという黒幕説などが提示されてきた。そんななか、2009（平成21）年に出版された『本能寺の変 四二七年目の真実』（プレジデント社）が提唱する新説が注目を集めている。

著者の明智憲三郎氏は、明智光秀の子孫という人物。光秀の三男・於寉丸《おづるまる》（乙寿丸《おとじゅまる》）を祖とし、明治時代の途中まで「明田《あけた》」という姓を名乗っていたが、曽祖父が伝承品を証拠として明治政府に願い出たことで「明智」に復姓したという経緯を持つ。また、祖父の明智滝朗氏は、「天海＝光秀説」および「天海＝秀満（光秀の重臣）説」を唱えた人物として知られている。

明智憲三郎氏が自著において展開した「本能寺の変」の〝真相〟は、およそ次のようなものである。

徳川家康を亡き者にしようと考えた信長

は、堺見物から京に戻る予定となっている家康を本能寺に招き、隙をついて部下の軍勢に襲わせるという計画を立てる。その家康暗殺実行部隊の責任者に指名されたのが、光秀だったというのだ。暗殺を果たした後には、家康の領地の一部が光秀に下知されることも決まっていたという。しかし、光秀はその時、大きな危機感を抱いていた。織田一族による中央集権化を進める信長は、その一方で光秀をはじめとする重臣たちに遠国への転封を命じていた。こうした信長の方針は、美濃における土岐（明智）一族の再興を密かに願っていた光秀の希望を打ち砕くものであり、暗殺が成功したとしても主君を殺害した実行者に対する三河武士の反発を考えれば、信長が家康の領地を下知するという条件も、あえて苦難を強いるものに過ぎないではないか……。思い悩んだ挙げ句、光秀は信長への謀反に踏み切る。幸い、家康暗殺という密命があるため、大軍を率いて本能寺に向かっても信長は疑いようがない。

このような経緯で、光秀は主君から命じられた家康襲撃の軍隊を装い、「本能寺の変」を実行したというのが明智氏の新説である。

仮にこれが〝真相〟であったなら、信長は盟友である家康の暗殺を謀ったがために、自ら墓穴を掘ったことになる。信長が死の間際に発したとされる「是非に及ばず……」という言葉は、「自分のせいだから、仕方がない……」という意味だったのだろうか。

朝鮮出兵の裏側

和平交渉で騙された秀吉

30年前の教科書

（豊臣秀吉は）15万余の大軍を釜山《ふざん》に上陸させた（**文禄の役**）。（中略）しかし，（中略）戦局は思うように進展しなかった。そのため秀吉は明との講和をはかったが，秀吉の講和条件は無視されて交渉は決裂した。

現在の教科書

（豊臣秀吉は）15万余りの大軍を朝鮮に派兵した（**文禄の役《えき》**）。（中略）（しかし）しだいに戦局は不利になった。そのため現地の日本軍は休戦し，秀吉に明との交渉を求めたが，秀吉が強硬な姿勢を取り続けたため交渉は決裂した。

戦いたくなかった宗氏と小西行長

1592(文禄元)年から1598(慶長3)年にかけて、明の征服を目指す豊臣秀吉は朝鮮半島に大軍を送り込んだ。これを30年前の教科書は「朝鮮出兵」、現在の教科書は「朝鮮侵略」と呼んでいる。

当時の日本では、秀吉の目的が明にあったことから「唐入り」と呼ばれ、江戸時代に入ると「征韓」「朝鮮征伐」と名づけられ、近年では年号を取って「文禄・慶長の役」と呼ぶのが一般的となっている。一方、朝鮮では当時の干支《えと》から「壬辰《じんしん》・丁酉《ていゆう》倭乱」、明では当時の皇帝が万暦帝《ばんれきてい》であったため「万暦朝鮮の役」と呼ばれている。

1587(天正15)年、自ら出陣した九州征服によって西国統一を果たした秀吉は、明征服という野望を抱き、対馬の領主・宗義調《そうよししげ》・義智《よしとし》父子に朝鮮との交渉を命じた。日本に服属し、明征服を先導せよ(征明嚮導《せいみんきょうどう》)という要求を突きつけたのだ。

長年にわたって朝鮮との深いかかわりを持つ宗氏は、朝鮮側が秀吉の要求を受けるはずがないと判断したが、秀吉の命令を無視するわけにもいかないことから、朝鮮側に新国王となった秀吉を祝賀する通信使を派遣してほしいと要請した。そして、義智に娘・妙を嫁がせていた秀吉の重臣・小西行長の協力を得て、1590（天正18）年に来日した通信使を秀吉に引見させたのである。

ところが、通信使を服属使節と思い込んだ秀吉は、彼らに直接「征明嚮導」を要求し、翌年には朝鮮出兵の前線基地とする肥前名護屋城（佐賀県唐津市）の築城を開始した。その後も宗氏と行長は、秀吉の要求である「征明嚮導」を「仮途入明《かどうにゅうみん》」（明に入るための道を貸してほしい）にすり替えて交渉を続けたが、朝鮮側はこれを拒絶。両者の努力も虚しく、開戦は避けられない状況となったのである。

現地の日本軍が受け入れた和平交渉

1592（文禄元）年3月、秀吉は約16万の大軍を朝鮮に渡航させた。9軍に編成された日本軍の先鋒・第1軍の指揮を命じられたのは、皮肉にも行長と義智であった。4月12日、釜山に上陸した両者は「仮途入明」を再度要請したが、朝鮮側がこれを無視したため、ついに「文禄の役」の戦端が開かれた。

朝鮮半島での戦闘は、行長と義智の第1軍に続き、第2軍の加藤清正、第3軍の黒田長政の他、島津義弘、福島正則、長宗我部元親、毛利輝元といった百戦錬磨の戦国武将たちが次々に参戦した日本軍が朝鮮軍を圧倒。連戦連勝を重ねて北上し、5月3日には首都・漢城（ソウル）を陥落させた。この報せを受けた秀吉は5月26日、後陽成天皇を北京に迎え、養子とした甥・秀次を明の関白、宇喜多秀家か秀次の弟・秀保を日本の関白とするなどといった明征服後の壮大な構想を発表している。

ところがその後、明との国境近くまで北上した日本軍の補給線は限界に達し、やがて豊富だった兵糧《ひょうろう》も底を尽きはじめた。また、兵糧米の供出を強要し、反抗する者を処分する日本軍への怒りを爆発させた民衆が、義兵となって組織的な抵抗を開始。7月には李舜臣《りしゅんしん》率いる朝鮮水軍に日本水軍が大敗するなど、日本軍の優位は危うくなっていった。

一方、出陣当初から早期講和を目指していた行長は、奉行として朝鮮に入った石田三成や大谷吉継などとの協議のうえ、平壌《ピョンヤン》で兵を動かさず、8月末から明の遊撃軍将軍・沈惟敬《ちんいけい》との会見を重ね、講和についての話し合いを進めていた。ところが、年が明けた1593（文禄2）年1月、李如松《りじょしょう》を主将とする明軍が大挙して平壌に押し寄せたため、不意をつかれた行長軍は漢城に向けて退却。追いすがる李如松の大軍を小早川隆景と宇喜多秀家を中心とする日本軍が「碧蹄館《へきていかん》の戦い」で撃破したものの、明軍の参戦によって朝鮮軍は勢いを取り戻す。

そして戦況が泥沼化した同年4月、沈惟敬が行長に和平提案を持ちかけ、両軍は講和に向けた話し合いを開始したのである。本項冒頭に掲載した教科書の記述が変えられた通り、講和を図ったのは秀吉ではなく、現地の日本軍だったのだ。

場当たり的な小西行長の策略

戦場である朝鮮を無視して行われた日明両国の講和交渉は、戦闘中に加藤清正が捕縛した朝鮮二王子の返還、日本軍の釜山までの撤退、明軍の開城までの撤退、明から日本への使節の派遣という4項目で合意された。これを受け、明の軍務計略（参謀）である宋応昌《そうおうしょう》が、自分の配下を正式な明使節と偽って日本へ派遣すると、騙された秀吉は和議条件7ヵ条を提示する。それは、明皇帝の姫を日本天皇の后として迎える、勘合貿易を復活させる、朝鮮八道のうち四道だけを朝鮮に返還するといったもので、万暦帝が受け入れるとは思えない内容であったが、偽使節はそれをおとなしく持ち帰ったのである。

その内容を朝鮮で知った行長は、三成との協議のうえ、秀吉の「降表」（降伏文書）を偽造し、家臣の内藤如安《じょあん》にそれを持たせ、正式な日本使節と偽って北京の万暦帝のもとへ派遣。如安は、朝鮮半島からの日本軍の完全撤退、日本を明の宗属国とするが貿易はしないなど、万暦帝が提示したすべての条件を受け入れたのだった。

こうして万暦帝と秀吉とを策略によって騙した行長は、1596（文禄5）年9月、明が派遣した冊封使とともに帰国して秀吉に引き合わせたが、当然ながら万暦帝の親書は秀吉が提示した和議条件を完全に無視しており、宗主国として「爾《なんじ》を封じて日本国王となす」とだけ書かれていた。その内容を知った秀吉は激怒し、再度の朝鮮出兵を命じたのである。

翌1597（慶長2）年から秀吉が没する1598年まで行われた「慶長の役」は、こうした場当たり的な和平交渉の決裂によって生じたのだった。その片棒を担いだ沈惟敬は、1597年に万暦帝の命によって公開処刑に処されたが、秀吉は行長を罰しなかった。歴史学者の松田毅一《きいち》氏は「行長がこれにより失脚しなかったことはむしろ不思議とすべきであろう」（『国史大辞典』吉川弘文館）と述べている。

関ヶ原の戦い

“天下分け目”だったのか?

現在の教科書

石田三成と家康との対立が表面化し,1600(慶長5)年,三成は五大老の一人毛利輝元を盟主にして兵をあげた(西軍)。対するのは家康と彼に従う福島正則・黒田長政らの諸大名(東軍)で,両者は関ヶ原で激突した(関ヶ原の戦い)。天下分け目といわれる戦いに勝利した家康は……

30年後の教科書

1600(慶長5)年9月、石田三成は五大老の一人毛利輝元を盟主とし(西軍),徳川家康率いる軍勢(東軍)と関ヶ原で激突した(関ヶ原の戦い)。「天下分け目」といわれたこの戦いは,わずか6時間の戦闘で東軍の大勝に終わっている。

家康率いる東軍の主力は〝豊臣恩顧〟だった

1600（慶長5）年9月15日、美濃国関ヶ原（岐阜県不破郡関ケ原町）において、〝天下分け目〟と呼ばれる決戦の火蓋が切って落とされた。

雌雄を決するのは、豊臣政権の五奉行（石田三成・浅野長政・増田長盛・長束《なつか》正家・前田玄以《げんい》）のひとりで、秀吉亡き後も政権の存続を目指す三成が事実上の指揮を執る西軍と、豊臣政権の五大老（徳川家康・前田利家・毛利輝元・宇喜多秀家・上杉景勝）のひとりでありながら、天下人に向かって邁進する家康率いる東軍である。

両陣営が動員した兵力には諸説あって定かではないが、両軍の総勢は15万8000におよんだとされる。その内訳は、東軍約7万4000に対して、西軍は約8万4000で、西軍がおよそ1万人上回っていた。三成が擁立した総大将は、中国の雄・毛利輝元である。

関ヶ原に出陣した各武将の兵力は、およそ以下の通りであった。

西軍

○宇喜多秀家　1万7000余　○小早川秀秋　約1万5000

○毛利秀元　約1万5000　○石田三成　約6900

○長宗我部盛親　約６６０００
○吉川広家　約３０００
○織田信高　約２５００
○安国寺恵瓊《えけい》　約１８００
○長束正家　約１５００
○脇坂安治　約９９０
○小西行長　約４０００
○大谷吉治　約２５００
○小川祐忠　約２１００
○島津義弘　１５００余
○木下頼継　約１０００
○大谷吉継　約６００

東軍

○徳川家康　約３００００
○福島正則　約６０００
○細川忠興　約５０００
○井伊直政　約３６００
○松平忠吉　約３０００
○京極高知《たかとも》　約３０００
○藤堂高虎　約２５００
○山内一豊　約２０００
○浅野幸長　約６５００
○黒田長政　約５４００
○池田輝政　約４５００
○加藤嘉明《よしあき》　約３０００
○田中吉政　約３０００
○筒井定次　約２８００
○寺沢広高　約２４００
○生駒一正　約１８００

右に挙げた両軍の顔ぶれを改めて見ると、家康率いる東軍の主力が、浅野幸長、福島正則、黒田長政、細川忠興、池田輝政、加藤嘉明、山内一豊といった、長年にわたって秀吉に仕えた「豊臣恩顧」と呼ばれる武将たちであったことがわかる。

「豊臣恩顧」の代表ともいえる「七将」のうち、実に6人が関ヶ原で西軍と戦い、残る加藤清正も領国九州に留まり、長政の父・黒田如水（孝高）とともに家康に協力。西軍についた諸将の居城を次々に攻略していたのだ。

「関ヶ原の戦い」は、豊臣政権打倒を図る家康率いる東軍と、豊臣政権を守ろうとする三成率いる西軍という単純な構図ではなかったのである。

〝豊臣恩顧〟の諸将に襲われた三成

「関ヶ原の戦い」の前年、五大老の長老であり、秀吉と多くの日々を過ごした前田利家が死去すると、正則、輝政、長政、忠興、幸長、嘉明の6人が清正の屋敷に勢揃いし、三成を殺害するために屋敷を襲った。この直前に急報を受けて危機を知った三成は、間一髪で屋敷を飛び出して伏見の家康邸に逃げ込む。すると家康は、屋敷を取り囲んで三成の引き渡しを要求する七将に対し、三成を五奉行から外して隠居させることを約束し、その場を収めたと伝えられている。

秀吉の天下統一に功を立てた七将がそれほどまでに三成を憎んだのは、1592(文禄元)～1598(慶長3)年に秀吉が強行した朝鮮出兵によると考えられている。見知らぬ大地での長く苦しい戦いにおいても主力をなした七将は、兵站《へいたん》や占領地政策などにあたる総奉行として派遣された三成、増田長盛、大谷吉継などとことごとく対立した。しかも、密かに早期講和を目指していた三成と小西行長らは、猛然と進撃を続ける清正を〝邪魔者〟と判断し、秀吉に独断専行が過ぎるなどと報告。秀吉からの帰還命令に従って帰国した清正は、伏見で三成との和解を勧めた長盛にこう言い放ったという。

「一生仲直りはせぬ。彼奴は朝鮮の合戦に一度も戦わず、人の陰口をいいふらして、おとしいれようとする。たとえ太閤の許しがなくて切腹仰せつけられるとも、こんな汚い奴ばらとは決して仲直りはせぬぞ」(『新編 日本武将伝』桑田忠親/秋田書店)。

同書の著者である桑田忠親氏は「こうした清正が、たとえ豊臣家への恩顧の念がいかにあつかろうと、三成に手を借すわけがない。慶長5年の関ヶ原の役に東軍方についたのは、けだし必然であった」(前掲書)と述べている。

「関ヶ原の戦い」における七将の敵は、ずばり、三成だったのである。

東軍の約半数だった西軍の戦闘人数

そして1600年9月15日午前8時頃、関ヶ原での決戦が幕を開けた。

戦いはまず、戦国屈指の精強部隊として知られる東軍の井伊直政と松平忠吉が、最前線の福島隊を出し抜いて、西軍の宇喜多隊へ攻撃を仕掛けたことから開始された。これを見た福島、藤堂、京極らが西軍の大谷、戸田勝成らを攻め、黒田と細川らは石田隊を狙って突撃する。こうした乱戦は2時間以上続いたとされるが、総勢7万4000のうち約6万が戦闘に加わっていた東軍に対し、8万4000の西軍はおよそ3万5000しか出撃していなかったと推測される。なぜなら、石田・宇喜多隊のすぐ横に布陣していた島津、脇坂、松尾山に陣取る小早川、南宮山の毛利と吉川など、合わせて4万5000もの軍勢が動かなかったからである。

総人数では勝りながら戦闘人数に劣る西軍はやがて追い詰められ、〝天下分け目〟とされた「関ヶ原の戦い」は、東軍の圧勝というかたちで6時間足らずで決着した。日本近世史を専門とする歴史学者の岡本良一氏は、「両軍の兵力はともに8万前後でほぼ伯仲であったが、西軍にはかねて東軍に内応していた諸将が多く、いざ開戦となって実際に戦闘に参加したのはようやく3万5000。それにもかかわらず西軍の善戦ぶりはみごとであった」(『日本大百科全書』小学館)と、この戦いを総括している。

三成からの再三にわたる出陣要請を黙殺した島津義弘による敵中突破は「島津の退き《の》口」として語り継がれている。島津勢約1500は、この撤退戦によって多くの戦死者を出し、無事領国に辿り着いたのは八十数騎だったとの説もある。

開戦前の情報戦に敗れた石田三成

「関ヶ原の戦い」における東軍の圧勝は、家康が決戦に至るまでに行った情報戦、いわば「根まわし」によってもたらされたとする見方は少なくない。

静岡大学名誉教授の小和田哲男氏によれば、家康は1600年の7月に30通、8月に93通、9月は14日までに34通もの文書を発給しており、「このほとんどは、武将たちに対し、恩賞を約したり、東軍へ誘ったもので、政治工作の手紙だったことがわかる」(『戦国10大合戦の謎』ＰＨＰ研究所）と述べている。

家康は開戦に至る70日ほどで、１５０通以上もの書状を全国各地の武将に送り届け、東軍に与《くみ》したほうが利口であることをほのめかしていたのだ。そして小和田氏は「よく、家康のことを『根まわし上手』などというが、実際、関ヶ原の戦いを前にして出したこれらの手紙を読んでいくと、家康の用意周到ぶりに改めて驚かされる。逆に三成の方は、事前の手紙がほとんどない」（前掲書）と指摘している。

「関ヶ原の戦い」で惨敗を喫した三成は戦場を逃れて伊吹山中に潜伏したが、９月21日に捕らえられ、大坂と堺で引き回された後、10月１日に京都六条河原で斬首された。41歳であった。

▲三成が居城とした佐和山城にほど近い龍潭寺（滋賀県彦根市）の「石田三成の像」。

コラム

徳川家康に切腹を覚悟させた真田幸村の突撃

「関ヶ原の戦い」に勝利した徳川家康は、1614（慶長19）年11月と翌年5月の2度にわたって大坂城を攻め、1615（慶長20）年5月8日、豊臣秀吉の遺児・秀頼とその母・淀殿を自刃に追い込んだ。

しかし、その前日の5月7日、家康をあと一歩まで追い込んだ武将がいた。大坂城外に出丸「真田丸」を築き、最後まで幕府方を苦しめた大坂方の雄・真田幸村（信繁）である。

この日の朝、戦いの趨勢《すうせい》が決していることを幸村は悟っていた。正午頃、15歳の嫡子・大助に「秀頼殿の最期を見届けよ」と命じて城へ帰した幸村は、「狙うは家康の首ただひとつのみ」とつぶやき、手勢約3500を率いて松平忠直隊1万5000が守る家康本陣の真正面から、火の玉のような突撃を開始する。忠直隊がパニックに陥るなか、猛然と突き進んだ幸村が本陣の一歩手前まで迫ると、馬印は倒れ、家康につく武将は本多正重のみとなった。この時、家康は切腹を覚悟したという。

しかし、手勢はすでにほぼ全滅し、さすがの幸村も動けなくなった。そこへ攻め寄せた鉄砲頭に幸村は、「わしの首を手柄にされよ」と最期の言葉をかけ、潔く討ち取られた。その翌日、大坂城で秀頼の最期を見届けた大助もまた、見事な切腹を遂げたのである。

4章 近世・近代

江戸／明治時代

	年代		出来事
P260,280	**1603**	慶長 8	**徳川家康が征夷大将軍に就任**
P264	**1613**	慶長 18	**伊達政宗が遣欧使節団を派遣**
	1614	慶長19	大坂の役（～1615年）
	1637	寛永 14	島原の乱
P274	**1639**	寛永 16	**鎖国令発布**
P286	**1687**	貞享 4	**生類憐みの令発布**
	1853	嘉永 6	ペリー来航
	1854	安政元	日米和親条約締結
P294	**1858**	安政 5	**日米修好通商条約締結**
	1867	慶応 3	大政奉還
	1868	明治元	戊辰戦争（～1869年）
	1869	明治 2	版籍奉還、東京遷都
	1871	明治 4	廃藩置県
P304	**1873**	明治 6	**明治六年の政変**
	1885	明治 18	伊藤博文が初代内閣総理大臣に就任
	1889	明治 22	大日本帝国憲法発布
	1894	明治 27	日清戦争（～1895年）
P314	**1904**	明治 37	**日露戦争（～1905年）**

幕藩体制のウソ

江戸時代に「藩」はなかった

現在の教科書

大名の領地とその支配機構を総称して藩と呼ぶ。

強力な領主権をもつ将軍と大名（幕府と藩《はん》）が，土地と人民を統治する支配体制を幕藩《ばくはん》体制という。

30年後の教科書

現在，大名の領地とその支配機構を総称して藩と呼んでいるが，江戸幕府が大名の領地を「藩」と公称したことは一度もなかった。

明治政府が誕生させた行政区分「藩」

現在の歴史教科書では、江戸幕府（将軍）から1万石以上の土地をあてがわれた大名の支配領域およびその支配機構を「藩」と教えている。ところが、江戸時代を通じて幕府が「藩」という公称を採用したことは一度もなく、大名の支配領域は「領分」と呼ばれていたのである。

そもそも「藩」という漢字は「屏」を意味し、屏をめぐらせて守りを固めることから、古代中国の周の時代には、王から与えられた諸侯たちの支配領域を表すようになった。日本での字訓は「まがき」「さかい」である。

江戸時代の儒学者たちはこの故事にならい、江戸幕府に服属して領地支配を許された大名を「諸侯」、その領地（領国）と支配機構を「藩」とし、幕府と大名による支配体制を「封建」と呼んで書物などに記すようになった。しかし、この呼称はあくまでも儒学の世界における用語であり、公式なものでも一般的なものでもなかったのである。

その「藩」が、公式な名称となったのは、王政復古によって江戸幕府が滅亡した1868（明治元）年閏4月、明治新政府が定めた「府藩県三治制」によってであった。この時、新政府は、旧幕府から没収した直轄地のうち、東京・京都・大坂の三都に加え、開港地であった箱館(函館)・神奈川・長崎などを「府」、それ以外の直轄地に「県」を設置。旧大名領を「藩」として新たな行政区分としたのである。

そして翌1869(明治2)年、中央集権を目指す新政府は、旧大名が支配していた領地(版)と領民(籍)を、朝廷(天皇)へ返還させる版籍奉還を実施。天皇は、版籍を奉還した旧大名274名を、それぞれの「藩」の首長である「知藩事」に任命し、石高、歳出額、職制、藩士・兵卒の人数および禄高、人口、戸数などの調査と報告を命じた。行政区分としての「藩」は、この時に初めて誕生したのである。

わずか2年で廃止された「藩」

各藩の名称は、基本的に居城(藩庁)所在地が冠されたため、いわゆる「薩摩藩」は「鹿児島藩」、「長州藩」は「萩藩」、「土佐藩」は「高知藩」、「肥前藩」は「佐賀藩」と命名された。

それまで「大名」あるいは「諸侯」と呼ばれていた知藩事はすべて「華族」となり、その家禄は石高の10分の1と定められる。各藩の藩士はすべて「士族」身分となり、藩内部での身分格式、知藩事との主従関係は解消された。

また、各藩には政府への軍事費の上納や歳出入にまつわる明細書の提出などが義務付けられ、知藩事は俸禄の与奪や死刑執行の権限も有していなかった。つまり、明治政府が誕生させた「藩」は、江戸幕府が諸侯に自治権を与えた江戸時代の「領分」とはかけ離れたものだったのだ。

そして1871（明治4）年7月、天皇は在京の知藩事を招集し、廃藩置県の詔を発し、在国の知藩事にも廃藩を命じる。任官からわずか2年、すべての知藩事が罷免され、新たに誕生した各県には政府が任命した県知事（県令）が派遣されたのだ。この措置は、中央集権を推進する明治政府による〝逆クーデター〟ともいわれている。

この廃藩置県によって日本の行政区分は3府302県となり、年内には3府72県に統合された。その後、1888（明治21）年に3府43県1庁（北海道庁）、1972（昭和47）年の沖縄返還により、現在の1都1道2府43県となったのだった。

慶長遣欧使節の秘密

将軍の座を狙った伊達政宗

現在の教科書

仙台藩主伊達政宗《だてまさむね》は家臣の支倉常長《はせくらつねなが》をスペインに派遣してメキシコと直接貿易を開こうとしたが，通商貿易を結ぶ目的は果たせなかった（慶長遣欧使節《けいちょうけんおうしせつ》）。

30年後の教科書

仙台藩主伊達政宗《だてまさむね》は，家臣の支倉常長《はせくらつねなが》を大使とする慶長遣欧使節《けいちょうけんおうしせつ》をヨーロッパに派遣した。その目的はメキシコとの貿易を開くことだといわれているが，政宗の狙いが天下の覇権にあったことを示す文書が発見されている。

メキシコ副王が示唆した〝皇帝・政宗〟誕生

1613（慶長18）年9月15日、仙台藩初代藩主・伊達政宗は、総勢約180人を乗せたサン・ファン・バウティスタ号をヨーロッパへ送り出した。その目的は、スペイン国王フェリペ3世と、ローマ教皇パウルス5世との謁見であった。

政宗が領内に招いていたスペイン人宣教師ルイス・ソテロを案内役とするこの「慶長遣欧使節」は、出航から約4ヵ月後の1614（慶長19）年1月、スペインの植民地であったメキシコのアカプルコに入港。陸路でメキシコシティへ移動すると、メキシコ副王グアダルカサル侯に拝謁し、慶長18年9月6日付の伊達政宗からの親書を差し出した。その文書は、次のような一文からはじまっている。

「神の聖なる教えを私の領内で布教するため、私の家臣たちがキリスト教徒になるため、フランシスコ会の神父たちの派遣を要請します」

この一文の後、メキシコとの貿易を望む文言が記されているのだが、この書状が記されたおよそ1年前（慶長17年8月6日）、江戸幕府は「禁教令」によってキリスト教を禁じていた。政宗の書状は、それをまったく無視したとしか思えない内容である。また、この地で使節団の日本人42名（78名との説もある）が洗礼を受けている。彼らは禁教令が発せられた日本に帰るつもりはなかったのだろうか。

続いて一行は1614年6月、スペインの軍艦に乗り換え、キューバを経由して大西洋を横断し、スペインへ向かった。一方、ソテロや支倉と接したメキシコ副王は、スペイン国王へ向けて次のような報告書を送っている。

「使節を派遣した領主（政宗）は強大で勇敢であることから、すべての人の意見では（政宗が）皇帝になるであろうということです」「もし彼が皇帝になれば、我らの聖なる教え（掟）に良く理解を示し、非常に熱心であり、このような使節を派遣してきましたので、（政宗は）キリスト教徒になるであろうし、少なくともキ

▲宮城県慶長使節ミュージアムに復元・展示されているサン・ファン・バウティスタ号。

リスト教界を援助するであろう。したがって、少ない年月で日本全体が（我らの）信仰へ帰依する」（『キリシタン将軍 伊達政宗』大泉光一）。

少なくともメキシコ副王はこの時点で、キリスト教のよき理解者である政宗が、皇帝、つまり将軍になる可能性を感じていたのである。

同年10月、スペインに上陸した一行は、ソテロの故郷・セビリアに立ち寄った後、1615年（慶長20）年1月、首都マドリードで国王フェリペ3世に謁見。政宗の親書を呈して宣教師の派遣を要請した。

しかし、すでにマドリードにも日本でのキリスト教に対する弾圧が激しくなっているとの情報が入っていたため、それと矛盾する宣教師派遣の要望に国王らは疑念を抱いたという。

その後、支倉は同地で洗礼を受け、ドン・フェリペ・フランシスコという洗礼名を授かっている。

使節団はローマ教皇に何を望んだのか

1615年11月3日、支倉一行はローマ教皇パウルス5世に謁見し、政宗の親書を献上した。メキシコ副王、スペイン国王への書状と同様に宣教師派遣とメキシコとの貿易を求めたものだったが、それに加え「ルイス・ソテロを教皇聖下の許に自分（政宗）の願いを叶えてもらうために派遣しましたので、彼（ソテロ）の口から（私の意図していることを）直接聞いていただきたい」（前掲書）と記されていたという。

ソテロがローマ教皇に口上で何を伝えたのかは不明だが、政宗が請願した事柄に対する回答文書が、バチカン機密文書館に所蔵されていた。そこには、次のような記述が見える。

「（教皇聖下による）日本の王（伊達政宗）に対する剣（王座）と帽子（王冠）（＝キリシタン王）の叙任について、（日本の）王（伊達政宗）はキリスト教徒ではないので、少しの協議をすることもできない」（前掲書）。

『キリシタン将軍 伊達政宗』の著者である大泉光一氏は「このローマ教皇の回答文書からは、政宗が『キリシタン王＝カトリック王』に叙任されることを目論んでいたと推察することができる」と解説。さらに、この回答文書に「騎士団の創設」について（伊達政宗が）「キリスト教徒になった時、また教会を寄贈したならば、彼の功績を考慮して、これについて協議される」との記述があることを示し、政宗はキリスト教徒による騎士団創設を望んでいたのであり、その意図について「日本のキリシタンと手を結び、武力をもって討幕することであったと推察される」と述べている。

この後、支倉一行はローマ教皇からの満足できる返事を得られぬまま、1616（元和2）年1月にスペインのセビリアへ戻った。しかし、日本から伝えられる禁教令についての情報でスペイン側の態度はさらに硬化しており、宣教師の派遣もメキシコとの貿易の件も望みは叶えられなかったのである。

翌年7月、失意のうちに帰国の途に就いた一行は、メキシコを経由して1618（元和4）年8月にフィリピンのマニラへ到着。スペインとオランダとの戦争に巻き込まれて2年間も足止めされ、1620（元和6）年8月、支倉はようやく政宗の待つ仙台への帰還を果たす。遣欧使節団の出航から、実に7年もの月日が流れていた。

出航以来、支倉と行動をともにしたソテロは、日本の禁教令を恐れてマニラに留まったが、1622（元和8）年に長崎に密入国したところを捕縛され、その2年後に火刑に処されている。

支倉の帰国当日に開始されたキリスト教弾圧

政宗が慶長遣欧使節を派遣した真の目的は何だったのか。

使節団に同行したソテロは、往路の船上からスペイン宰相に宛てた書簡に、「政宗は幕府によって迫害を受けている日本の30万人に及ぶキリシタンと協力して幕府を倒し、自ら皇帝になろうとしている」と記していた。

イエズス会の宣教師ジェロニモ・デ・アンジェリスがローマの本部に送った書簡には、「天下殿（徳川家康）は政宗がスペイン国王に送った使節のことを知っており、政宗は天下に対して謀反を起こす気であると考えていた」「彼ら（家康と息子の秀忠）は政宗が天下に対して謀反を起こすため、スペイン国王およびキリシタンと手を結ぶ目的で支倉常長を派遣したと考えた」との内容が記されている。

１６２０年8月24日（26日の説もある）、7年間も待ちわびた支倉と再会した政宗は、彼の報告についての記録を一切残さず、使節団派遣にまつわる資料もすべて廃棄したといわれている。帰国後の支倉の消息さえも不明であり、「支倉家家譜」に１６２２年に死去したと記されているが、異説もあって定かではない。はっきりしているのは、支倉の嫡子・常頼が１６４０（寛永17）年、家人にキリシタンがいたことで切腹を命じられたことである。

支倉と再会した当日、政宗は領内にキリスト教禁止令を発した。それまでは黙認していた家中のキリシタンに棄教を命じ、拒んだ者は追放処分としたのだ。１６２４（元和10）年正月には、ポルトガル人宣教師カルバリオとその教徒8人を捕らえ、広瀬川の河原で水責めの後に刑死させるなど、その弾圧は苛烈を極めたという。キリシタンに対する政宗の姿勢の豹変は、幕府が抱いた謀反の疑いを晴らすためだったとの見方もある。

それから時を経た1628(寛永5)年、将軍職を退いた徳川秀忠を江戸屋敷に招待した政宗は、自ら膳を運んで秀忠に差し出そうとした。それを見た若年寄が毒味をしようとしたところ、政宗は「大御所(前将軍)を殺めようと思ったのはもう10年も前のこと。その時も毒を盛ろうとは思わなかった」と語ったという。10年前の1618年は、遣欧使節団が帰国の途に就いた年である。

▲仙台城(青葉城)跡に立つ伊達政宗公騎馬像。

コラム

「明暦の大火」の原因となった娘の〝切ない片思い〟

1657（明暦3）年1月18日の午後2時頃、江戸・本郷丸山（文京区本郷）の本妙寺から上がった火の手が、折からの風に煽られて燃え広がり、湯島、神田、八丁堀、さらには石川島までを焼き尽くした。一夜明けた翌日の朝10時頃、衰えたかに見えた炎が北風によって勢いを取り戻し、小石川伝通院前で恐ろしいほどの大火となり、焼け残った小石川一帯を焦土にすると、燃え上がる炎はついに濠を越え、飯田橋、九段を飲み込んで江戸城本丸、二の丸、三の丸を焼いてようやくおさまった。ところが、その日の午後4時頃、今度は麹町から火の手が上がり、炎は江戸城を取り囲む武家屋敷を焼いて海へ向かって進み、鉄砲洲、芝の海浜にまで及んだのである。なお、この火事で焼失した江戸城天守は再建されることなく、現在に至っている。

この「明暦の大火」による焼失家屋は4万8000と記録され、死者数はおよそ10万人に及んだという。この数字は、1923（大正12）年に起こった関東大震災、1945（昭和20）年の東京大空襲に並ぶもので、「明暦の大火」は日本における最悪の火災として語り継がれている。当時の江戸の人々が噂したのが、次のような物語である。

上野で紙商を営む大増屋の娘おきくは、花

見に出た際にすれ違った寺小姓に一目ぼれし、小姓が着ていた着物と似た生地を探して振袖をつくらせ、寝ても覚めても彼のことだけを思い続けた。恋煩いがひどくなり、食も喉を通らなくなった娘を心配した母親が小姓を探したが、衰弱したおきくは16歳の若さで死んでしまう。哀れんだ両親は娘がつくらせた振袖を棺にかけ、本郷の本妙寺に葬った。

その後、古着屋へ出されたその振袖を、本郷元町の麴屋の娘お花が購入。しばらくの後、お花は原因不明の病に倒れ、おきくと同じ16歳で死去した。さらに、再び古着屋に出たその振袖を買った麻布の質屋・伊勢屋の娘おたつが、その振袖に袖を通した直後に病に臥し、やはり16歳で死んだのである。おたつの葬儀の日、娘の法要で本妙寺を訪れていた大増屋と麴屋は、棺にかけられた振袖を見て言葉を失う。なんと、同じ16歳で亡くなった3人の命日は、まったく同じ1月16日だったのだ。

それを知った3人の親が本妙寺に相談すると、和尚は振袖を焼いて供養しましょうという。そこで明暦3年1月18日午後2時頃、経を読みながら境内に焚いた炎の中に和尚が振袖を投げ入れた次の瞬間、にわかに吹き上がる一陣の風に乗って火のついた振袖が宙を舞い、あっという間に本堂を焼いてどこかへ飛び去って行った。この振袖が、3度にわたる大火の火種となったという。この話を聞いた人々は、「明暦の大火」を「振袖火事」と呼ぶようになったのである。

鎖国政策

来航禁止は2カ国だけ！

現在の教科書

幕府は1639（寛永16）年にポルトガル船の来航を禁止し，1641（寛永18）年には平戸のオランダ商館を長崎の出島《でじま》に移し，オランダ人と日本人との自由な交流も禁じて長崎奉行がきびしく監視することになった。こうしていわゆる鎖国《さこく》の状態となり……

30年後の教科書

幕府は1639年（寛永16）年，スペイン船に続いてポルトガル船の来航を禁じたが，長崎の出島でオランダとの貿易は続けた。また，中国・朝鮮・琉球王国・アイヌ民族との貿易も行っていた。

「鎖国」という言葉の誕生は1801年

かつて、江戸時代における日本の対外政策は「鎖国」と呼ばれた。しかし近年は、右に挙げた現在の教科書にある「いわゆる鎖国の状態」のように、表現がトーンダウンしている。紙幅の都合で割愛したが、現在の教科書は「鎖国の状態となり……」の後に、次のように続けている。

「以後、日本は200年余りのあいだ、オランダ商館・中国の民間商船や朝鮮国・琉球王国・アイヌ民族以外との交渉を閉ざすことになった」

近年になって歴史学者などの一部が「鎖国はなかった」などと主張するのは、こうした日本の状態から、日本は「鎖国」（国を鎖す）していたわけではなく、貿易を制限していたに過ぎない——という見方によるものだ。

さらに、学校で「鎖国を完成させた」と教えられた江戸幕府3代将軍・徳川家光の時代に「鎖国」という言葉自体が存在しなかったという事実が「鎖国はなかった説」の論拠にもなっている。

「鎖国」という言葉は、ドイツ人医師エンゲルベルト・ケンペル（1651〜1716年）

が著書『日本誌』のなかで、海禁政策を取る日本を「閉ざされた状況」であると指摘したことを起源とする。これを長崎通詞（通訳）を務めた志筑忠雄《しづきただお》が1801（享和元）年に全訳し、『鎖国論』と題したのが初見である。「鎖国」という言葉は家康でも家光でもなく、長崎通詞が生み出したものなのだ。

家康が警戒したのはキリスト教だった

江戸幕府を開いた徳川家康は、以前からの熱心な貿易推進論者であり、将軍就任翌年の1604（慶長9）年以降、東南アジアとの交易を奨励し、幕府による渡航許可証「朱印状」を次々に発行した。その結果、1635（寛永12）年までに356隻もの朱印船が、シャム（タイ）・ルソン（フィリピン北部）・カンボジア・高砂（台湾）・マラッカ（マレーシア）・ジャガタラ（ジャカルタ）・モルッカ（インドネシア北東部）などに進出。約10万人とされる日本人が各地へ渡航し、東南アジアに約20ヵ所もの日本人町を形成したのである。

さらに家康は、すでに行っていたポルトガルとの交易に加え、オランダ人航海士ヤン・ヨーステン、イギリス人航海士ウィリアム・アダムス（三浦按針）を外交・貿易顧問として召し抱え、1609(慶長14)年にオランダ商館、その4年後にはイギリス商館を開設して両国との貿易を推進した。また、ルソン総督を務めていたスペインのドン・ロドリゴ(ロドリゴ・デ・ビベロ)率いる艦隊が1609年に難破し、上総国岩和田村(千葉県御宿町)に漂着した際には、一行を駿府城に呼び寄せて途絶えていたスペインとの貿易復活を提案。アダムスに建造させたガレオン船を提供し、一行をメキシコへ送り出している。

しかし、こうした動きを見せる家康に、スペインと敵対する反カトリック国であるイギリスとオランダは、「スペインは日本に宣教師を送ってキリスト教を広め、植民地にしようと目論んでいる」と繰り返し訴えた。両国の目的は日本との交易を独占することにあったと思われるが、南米および東南アジアの国々でスペインがそのような動きを見せていたことも事実だった。こうして家康は、キリスト教、特にカトリック国への警戒心を抱くようになったのである。

そして1612(慶長17)年、家康の側近である本多正純の与力・岡本大八と、肥前(長崎)の大名・有馬晴信との贈収賄事件が発覚。直接的にはキリスト教と無関係であったが、両者ともにキリシタンであり、他の家臣にもキリシタンがいたことが判明したことで、家康は態度を硬化させる。吟味の結果、大八に火刑、晴信に切腹(キリシタンであるために自害を拒み、斬首された）を命じた家康は、同年8月6日、キリスト教に対する初めての「禁教令」を発布。翌年には「伴天連《バテレン》（カトリック司祭）追放令」を発し、1614（慶長19）年にはキリシタン大名・高山右近ら148名を国外追放に処したのである。

松平定信が命じた異国船への対応

1616（元和2）年に家康が没すると、2代将軍・秀忠はヨーロッパ船の寄港地を平戸と長崎に限定し、1622（元和8）年には長崎で25名のキリシタンを火刑、30人を斬首する（元和大殉教）など、キリシタンへの弾圧を強化していった。

一方、オランダとの貿易競争に敗れたイギリスは、1623（元和9）年に商館を閉鎖して自ら日本から撤退。同年に3代将軍となった家光は、その翌年、スペイン船の来航を全面的に禁じ、1633（寛永10）年には幕府発行の奉書を得た「奉書船」以外の海外渡航と、5年以上海外に居住した日本人の帰国を禁じた。これが第1次「鎖国令」と呼ばれるもので、その後、日本人の海外渡航と帰国の全面禁止、ポルトガル船の来航禁止を経て、オランダの商館を長崎の出島に移動させた1641（寛永18）に、「いわゆる鎖国」が完成したといわれている。

しかし、幕府がいわゆる鎖国令によって来航を禁じたのはスペイン船とポルトガル船だけであり、禁制とされたのは日本人の海外渡航であった。幕府は、スペイン・ポルトガル船以外の来航は禁じていなかったのである。

それから時を経た1791(寛政3)年、時の老中・松平定信は、「異国船が沿海に現れた場合は柔らかに召し捕るよう努め、抵抗した場合は打ち砕く」ことを命じた。これが、スペイン・ポルトガル船以外の異国船を対象とした初めての「いわゆる鎖国令」である。

幕政を揺るがしたアメリカのマシュー・ペリーによる「黒船来航」は、そのわずか62年後(1853年)のことであった。

士農工商

江戸時代の身分制度ではなかった

30年前の教科書

幕府や藩は，支配を維持し強固にするために，社会秩序を固定しておく必要があった。そのために士農工《しのうこう》商《しょう》という身分の別を立てた制度を定めた。

現在の教科書

社会の大半を占める被支配身分は，百姓，職人，家持町人の三つをおもなものとした。以上のような社会の秩序を「士農工商」と呼ぶこともある。

「士農工商」は単なる職業の分類だった

「士農工商」は右に挙げた30年前の教科書にあるように、支配階級である武士が、非支配層である庶民を農民・職人・商人に分類し、それぞれに序列をつけた身分制度であると説明されてきた。政治を動かす武士を頂点とし、農民は国家の経済を支える米を生産するので2番目、生活に必要なさまざまな物を作り出す職人は3番目、物を右から左に流すだけで金を儲ける職業とされた商人が4番目という解釈である。

「士農工商」という言葉は、古代の中国で誕生した。紀元80年頃に成立したとされる『漢書』には、「士農工商四民有業」「士農工商四民 国の礎」といった記述が見える。士農工商とは、国の礎となる民をその生業によって4種に分類したもので、そこに上下関係や序列は存在しなかった。そのため、中国の史書には「農士工商」や「士商農工」との記述がある。

この4種に大別された民を「四民」と呼んだが、この時代の「士」は必ずしも武士ではなく、国や身分のある者に仕える職業を指していた。鎌倉時代初期の曹洞宗の開祖である道元は『正法眼蔵随聞《しょうぼうげんぞうずいもん》記《き》』のなかで「田商仕工ノ四種」とし、「士」に「仕」という字をあてている。

その後、時代が下った南北朝時代となると、公卿・北畠親房が『神皇正統《じんのうしょうとう》記《き》』のなかで「農工賈（商）みな武をなす」と述べているように、四民の分類が曖昧になっていった。とくに農民は、平時には農業に従事し、戦時には兵役を義務づけられた「半農半士」が多くを占めたため、武士と農民との区別がつかなくなっていたのである。

こうした状況を変えたのは、戦乱の世に割拠した戦国武将であった。中でも織田信長は、土着していた兵士を城下に住まわせて常備軍を創設し、農業から切り離すという兵農分離を他の武将に先駆けて推進。信長の死後、権力を手にした豊臣秀吉は、いわゆる「太閤検地」と「刀狩」によって兵農分離を徹底し、支配階級である武士と、被支配階級である農工商との区別を確定したのである。

海舟も龍馬も……売り買いされた「武士」の身分

安土桃山時代にイエズス会の宣教師たちが編纂した『日葡《にっぽ》辞書』は「士農工商」を、「サブライ（侍）、ノウニン（農民）、ダイク（大工）、アキビト（商人）」と説明している。1636（寛永13）年頃に成立した仮名草子『可笑記』は士農工商について「士とは奉公人、農とは百姓、工とは職人、商とはあきんどのこと。これ以外の者は何の用にも立たず、ただ鼠のごとし」

と記し、役に立つものと立たないものとの区別を示した。江戸時代に入っても、士農工商は階級の序列とは捉えられていなかったのだ。江戸初期の陽明学者・中江藤樹《とうじゅ》は『翁問答』で、「士は政（まつりごと）の緒役をつとむる」としているが、「農工商の三はおしなべて庶人《しょじん》のくらゐなり」とし、農工商の序列には触れていない。

一方、江戸時代後期の農学者・藤田幽谷《ゆうこく》は『勧農或問《かんのうわくもん》』のなかに、「古《いにしえ》より士農工商として農は士に次たるものとこそ申候」と記しているが、これは農民に苦しい生活を強いる現状批判のための理想論であったと考えられている。

江戸時代にも農工商の間には身分の上下はなく、あったのは支配階級である武士との格差だけだったのだ。

また、支配階級である武士について、30年前の教科書は次のように記している。

「苗字・帯刀を許され、農民や町人の無礼に対して切捨御免《きりすてごめん》の特権も認められた」

しかし、現在の教科書には、「切捨御免」の文字は見られないのである。

「切捨御免」と称される「無礼討ち」は、8代将軍・徳川吉宗の時代に作成された江戸幕府の基本法典『公事方御定書《くじかたおさだめがき》』に武士の特権として記されていた。ただし、この特権には、「吟味之上無紛《ぎんみのうえまぎれなし》においてハ、無構《かまいなし》」（明確な無礼行為があったと証明されれば無罪）という但し書きが添えられており、町人を斬り捨ててそのまま立ち去ってよいというものではなかった。無礼行為によって町人や農民を斬り殺した武士は、速やかに役所にその一件を届け出ることが義務づけられ、自宅で謹慎して詮議を待つと定められていたのである。

「苗字・帯刀」も、決して武士だけの特権ではなかった。幕府や大名に対する功労者、名主などの豪農、町年寄や医師などに認められることもあった。三浦按針《あんじん》という名を与えられたイギリス人航海士ウィリアム・アダムス、日本で初めて正確な地図を作製した商人出身の伊能忠敬《いのうただたか》、須坂藩（長野県須坂市）の御用達を務めた豪商・田中本家などがその一例である。

また、貨幣経済が発達した中期以降になると、財力のある商人たちが幅を利かせるようになり、物価が上昇しても禄（給料）が上がらない下級武士たちは生活に困窮し、札差《ふださし》（武士に支給される蔵米の受け取りと売却を請け負った商人。蔵米を担保に金融業も行った）をはじめとする商人に金を借りる者が急増した。そんな困窮武士のなかには、武士という身分を売りに出す者も少なくなかったのである。

「旗本株」「御家人株」などと呼ばれた武士の身分は、札差などを通して売買された。「株」を買った者は、売った武士と養子縁組して武士の嫡男に収まり、売った武士に「隠居届」を出させることで、その武士の役職と身分を手に入れることができたのである。

江戸時代後期になると株の売買は全国規模で常態化し、町人出身の武士が数多く誕生した。幕末の幕閣として活躍した勝海舟、倒幕運動の原動力となった薩長同盟を仲介した坂本龍馬などもともとは町人身分であった。勝海舟は、金貸しをしていた曽祖父が「御家人株」を買って男谷《おだに》を名乗る幕臣となり、その後、麟太郎（海舟）が勝家に養子に入って旗本となった。坂本龍馬の生家は、高知城下で指折りの豪商「才谷屋」を営んでおり、その6代目の八郎兵衛が「郷士（下級武士）株」を購入。その長男・直海が郷士御用人となり、郷士・坂本家を興したのである。

▲父・小吉が婿養子となって旗本株を買った勝海舟。（国立国会図書館蔵）

生類憐みの令の真実

先進的な"福祉政策"だった!?

30年前の教科書

綱吉は生類憐《しょうるいあわれ》みの令を出して犬や鳥獣の保護を命じ，それをきびしく励行させたため，庶民の不満をつのらせた。

現在の教科書

生類憐《しょうるいあわれ》みの令を出して，生類すべての殺生《せっしょう》を禁じた。この法によって庶民は迷惑をこうむったが，とくに犬を大切に扱ったことから，野犬《やけん》が横行する殺伐《さつばつ》とした状態は消えた。

発端は「犬猫つなぎ無用令」だった

江戸幕府5代将軍・徳川綱吉が発布した「生類憐みの令」は、長らく〝天下の悪法〟と評価されてきた。右ページに掲載した30年前の教科書と同時代の『中学社会 歴史的分野』(日本書籍株式会社)にも次のような記述が見える。

「綱吉は生類憐みの令を出し、とりわけ犬を殺したり傷つけたりする者を死刑にするなど、政治をほしいままにした」

「生類憐みの令」を出した綱吉は、政治を私物化した暗君だと断言しているのだ。しかし、近年では右に挙げた現在の教科書にもあるように、「生類憐みの令」、そして綱吉に対する再評価が進んでいるのである。

1646(正保3)年、3代将軍・徳川家光の第4子として誕生した綱吉は、4代将軍となった兄・家綱に継嗣がなく、次兄・綱重もすでに没していたことから、1680(延宝8)年に5代将軍に就任。越後高田藩の御家騒動を親裁し、勤務不良の代官を大量に処分して綱紀粛正を図った他、幕府財政の会計監査にあたる勘定吟味役を創設するなどして将軍権威の向上に努めた。こうした諸改革を含む綱吉の施政は「天和の治」と呼ばれ、善政として高く評価されている。儒学者・林鳳岡《ほうこう》を大学頭に任じ、後に幕府直轄学校「昌平坂学問所」に発展する湯島聖堂を創建するなど、広く学問を奨励したことも綱吉の功績である。

ところが、その後、綱吉は1685(貞享2)年から没年の1709(宝永6)年までに続けざまに発した「生類憐みの令」によって、〝暴君〟と評価されることとなる。その法令の発端とされるのは、およそ次のような法令であった。

「将軍御成りの道筋に犬猫を出していても構わない。御成りの際に犬猫をつないでおかなくともよい」

〝天下の悪法〟と評される「生類憐みの令」は、こんな〝些細な〟通達から始まったのである。

「生類憐みの令」を発した綱吉の動機

綱吉はこの後、大八車や牛車で犬を轢《ひ》かないよう注意を喚起し、犬がケンカした場合は水をかけて引き離すように命じ、犬の特徴や所有者を記した「御犬毛付帳」を作らせて江戸市中の犬を登録制とした。さらに、江戸近郊の喜多見・四谷・中野などに大名を動員して野犬の収容施設「御囲《おかこい》」を建設。中でも最大の中野御囲は、約29万坪の敷地に290もの犬舎を並べた大規模なもので、最大10万匹もの犬を収容したという。こうした政策により、綱吉は「犬公《いぬく》方《ぼう》」と揶揄《やゆ》されるようになったのである。

綱吉が「生類憐みの令」を発したのは、生母・桂昌院《けいしょういん》が帰依していた真言宗の僧・隆光《りゅうこう》の影響であるといわれてきた。１６８３（天和３）年に５歳の嫡子・徳松を亡くし、男子に恵まれなかった綱吉が隆光に相談を持ちかけた際、「世継ぎが生まれないのは、前世で犯した殺生の罪過のためである。綱吉は戌年《いぬどし》生まれなので、犬を愛護すれば罪障が消え、世継ぎが誕生するであろう」と諭されたことを鵜呑みにし、世継ぎ欲しさに「生類憐みの令」を発したというのだ。しかし、隆光が綱吉の知遇を得たのは、いわゆる「犬猫つなぎ無用令」が出された翌年にあたる１６８６（貞享３）年とされているため、この説はほぼ否定されている。

▲中野区役所前にある「中野犬屋敷跡碑」。

それではなぜ、綱吉は「生類憐みの令」を発したのか。その動機には、当時の世情が強く関係していた。

綱吉は将軍就任の2年後にあたる1682(天和2)年、江戸で2匹の飼い犬を虐殺した無宿者を死罪に処している。犬を殺して死罪というのは極端なようだが、綱吉が将軍に就任した当時、放火、辻斬り、打ち毀《こわ》しなどが根絶に至らず、戦国時代以来の荒々しい風潮が残されていた。そんな中、異様な風体で徒党を組み、乱暴狼藉を働く「かぶき者」と呼ばれた無頼者が、権威への反抗を示す行為として、犬殺しや犬食いを繰り返していたのだ。

幼少時より儒教を学び、仏教にも帰依した綱吉は、文治政治を推進するなかで彼らの取り締まりを強化し、殺伐とした風潮の一掃を目指した。その一環として、無益な殺生を禁じる「生類憐みの令」を発したと考えられているのだ。現在の歴史教科書『詳説日本史B』は、次のように解説している。

(綱吉の施政によって)「戦国時代以来の武力によって相手を殺傷することで上昇をはかる価値観はかぶき者ともども完全に否定された」

綱吉が1687(貞享4)年に発した「諸国鉄砲改め」は、「生類憐みの令」の目的に治安維持が含まれていたことを示す証左のひとつである。当初、鳥獣を追い払うための実弾使用を禁じたこの法令により、全国の武士以外の身分の者が所持していた鉄砲は、自衛のための用心鉄砲、空砲で鳥獣を追い払うための威《おど》し鉄砲、猟師が使用する猟師鉄砲に分類され、すべての登録が義務付けられた。この画期的な銃規制により、武器としての鉄砲は没収されたのである。

また、当時の江戸市中には野犬が横行しており、ゴミを荒らしたり、人に噛みついたり、時には捨て子を噛み殺したりといった「犬害」が問題となっていた。不衛生な犬に噛まれれば、破傷風などの感染症に侵される危険性もある。綱吉が建設した大規模な御囲は、こうした野犬を隔離するという目的があったとの見方もある。

護られたのは犬だけではなかった

「犬公方」という綱吉の異名から、「生類憐みの令」は犬に偏った法令だったと思われがちだが、それは誤解である。前述した「犬猫つなぎ無用の令」の約2ヵ月後、綱吉は「拵《こしら》え馬」を禁じる「馬の筋延ばし禁令」を発した。「拵え馬」とは、馬の見た目をよくするために、腹や脚などの筋を強制的に伸ばしたり、焼き鏝《ごて》をあてて形を整えたり、尾先を焼かれたりして成型された馬のことで、当時の武家社会に流行していた。綱吉はこれを「不仁」(仁の道に背くこと。慈しみのないこと)であるとし、法令によって固く戒めたのである。

さらに綱吉は、当時の江戸に横行し、社会問題となっていた重病人の遺棄と捨て子を禁止し、乳幼児の保護責任を親だけでなく、地域社会にも求めた。妊婦および7歳以下の子供の名前を帳簿に記録させ、間引き(子殺し)や捨て子の防止にも努めている。劣悪な環境にあった牢獄に通風孔を設置して風通しをよくし、罪人たちに月5回の入浴を許可したのも綱吉である。

「生類」とはすべての生き物を意味する言葉であり、綱吉の「憐みの令」は人間を含む社会的弱者に対する先進的な福祉政策であったと見る向きもあるのだ。

それでも、すべての生き物に慈愛の心を持つことを求めた「生類憐みの令」は、犬、馬だけでなく、猫、猿、鶏、蛇、鼠、魚介類などにも及ぶなど、次第にエスカレートしていったことは事実である。さらに、当時の武家社会のステータスでもあった鷹狩りを禁じたことで、綱吉は諸国の大名などからの反発を招く。徳川御三家の一角である水戸藩主・徳川光圀もそのひとりである。光圀は「生類憐みの令」への反意を示すべく、綱吉に犬の毛皮50枚を送り付けたと伝えられている。ここに「暴君・綱吉」対「名君・光圀」という構図が生まれ、綱吉は光圀をモデルとした創作物語『水戸黄門』の中で、悪役として描かれることとなった。

また、6代将軍・家宣《いえのぶ》の補佐役を務めた朱子学者・新井白石は随筆『折《おり》たく柴《しば》の記』において、動物のために処罰され「流離散亡」した者は10万人に及んだと記しているが、公式記録で確認できる処罰例は69件に過ぎないという指摘もある。

1692(元禄5)年、綱吉に謁見したドイツ人医師エンゲルベルト・ケンペルは、その著書『日本誌』において、「法律を厳格に守り、国民に対して憐み深い君主」であると綱吉を評価。「日本は将軍のもとで、国民が完全に調和して生活している」と書いている。

そんな綱吉のライフワークともいえる「生類憐みの令」は、存続を遺言したにもかかわらず、綱吉の死後、家宣と白石によってただちに廃止されたのだった。

日米修好通商条約

井伊直弼の調印強行はウソ

現在の教科書

大老井伊直弼《いいなおすけ》は勅許を得られないまま，1858（安政5）年6月に日米修好《しゅうこう》通商条約の調印を断行した。

30年後の教科書

大老・井伊直弼は朝廷の勅許を得てからの調印にこだわったが，アメリカ総領事タウンゼント・ハリスとの交渉にあたった全権委員・井上清直と岩瀬忠震《ただなり》が時勢を判断し，日米修好通商条約の調印に踏み切った。

幕末の幕を開けたペリーによる「黒船来航」

1858(安政5)年6月19日に調印された「日米修好通商条約」は、日本が外国との自由貿易を認めた初めての通商条約である。

この条約の調印は、江戸幕府が天皇の許可を得ずに行ったことから、勅(天皇の命令)に違《たが》う「違勅調印」として非難され、時の大老・井伊直弼は〝国賊〟と罵られた。これ以降、天皇を尊び、夷狄《いてき》を払いのけようとする「尊皇攘夷」運動が一気に過熱。いわゆる尊攘派を「安政の大獄」で弾圧した井伊は恨みを買い、1860(安政7)年3月3日、江戸城の桜田門外で暗殺されたのだった(桜田門外の変)。

日米修好通商条約調印の5年前にあたる1853(嘉永6)年4月、〝幕末〟の幕を開ける4隻の黒船が浦賀に来航した。その司令官マシュー・ペリーは、開国を求めるアメリカ大統領の親書を手渡して6月にいったん江戸を離れ、翌年1月、7隻の艦隊を率いて再び浦賀に来航。開国を強硬に迫られた幕府はその圧力に屈し、1854(嘉永7)年3月、下田・箱館(箱館)の開港などを認める「日米和親条約」に調印したのである。

この時、老中首座として幕政を掌握していた阿部正弘は、黒船来航を国家存亡の危機であると捉え、それまで抑圧してきた朝廷や諸大名に今後の方針について広く意見を求めた。国家一丸となって難局を乗り切ろうとするこの方向転換は、朝廷と親藩・外様大名の発言権を拡大させた一方、幕府の要職を独占してきた譜代大名からの反発を招くこととなったのである。

条約調印より戦争を選択した朝廷

1856（安政3）年7月、初代アメリカ総領事に就任したハリスが下田に赴任した。着任早々、日本との通商条約締結へ向けて動き出したハリスは、翌年10月に将軍・徳川家定に謁見。この年6月に急死した阿部に代わって老中首座となった堀田正睦《まさよし》をはじめとする幕閣を集め、「ロシアとの対立を深めているイギリスは、その対抗手段として日本を含む極東を占領し、同盟国フランスに朝鮮を与えようとしている」「イギリスと清国とのアロー戦争が終結すれば、イギリスは軍艦50隻で日本へ押し寄せるだろう」「アメリカは極東に領土的野心を持っていない」などと約2時間にわたって演説。アメリカと通商条約を結ばない限り、日本は欧州列強に蹂躙《じゅうりん》されると力説した。

その翌月、オランダからの情報収集などにより、「開国やむなし」と判断した堀田は、下田奉行・井上清直と海防掛・岩瀬忠震を全権委員とし、条約調印に向けたハリスとの下交渉を開始させる。この時点で、幕閣及び諸大名の意見はほぼ「開国やむなし」で固まっていたが、国家一丸を目指す堀田は自ら朝廷に出向いて勅許を得ようとした。それを聞いたハリスに「天皇が反対したらどうなるか?」と質問された井上と岩瀬は、「勅許は得られる。幕府は朝廷の異議を受け付けない」と答えたという。

当時の朝廷にも幕府に逆らうつもりはなく、堀田が上洛する直前の1858(安政5)年1月、条約にまつわる意見を求められた三公(太政・左・右大臣)および武家伝奏(武家との連絡係)・議奏(天皇の側近)12人のうち11人までが、「公儀(幕府)の意向に沿って決定すべし」と回答していた。そんななか、同年2月に朝廷に入った堀田は、現状をおよそ次のように説明したと伝えられている。

「急速に進む国際化のなかでの選択肢は、そこへ入っていくか、拒絶して戦うかしかない。しかし、今の日本には列強に勝てるだけの軍事力がないので、やむなく国を開くことを選択し、列強に伍するだけの力を蓄えるしかありません」

これを聞いた武家伝奏は「開国やむなし」を理解して孝明天皇に上奏したのだが、天皇は「もう一度、御三家以下諸大名に諮問したうえで奏聞せよ」として勅許を下さなかった。さらに3月12日には、条約調印に反対する公家衆88人が御所に押し掛けるという「廷臣八十八卿列参事件」が発生し、堀田は結局、勅許を得ることに失敗したのである。御所に押し掛けた88卿の中には、後に「維新十傑」に数えられる岩倉具視も含まれていた。

▲城主を務めた佐倉城址（千葉県佐倉市）に建つ堀田正睦公像。「開国の父」と讃えられている。

調印反対を表明した公家衆に対して堀田は「調印を断って戦争になったらどうするのか」と質問したところ、「戦争に及んでも仕方がない」との返答があったという。徒労に終わった上洛の後、江戸に戻った堀田は「じつに堂上方正気の沙汰とは存じられず」との言葉を残した。列強の進出によって激変する国際情勢を直視せず、理想論を押し通そうとする天皇の姿勢は、まさに浮世離れしたものだった。北海道大学名誉教授の井上勝男氏は、

（孝明天皇は）「無謀な選択をし、無責任な冒険主義に走ったのである」（『日本の歴史18 開国と幕末変革』講談社）と述べている。

最後まで勅許にこだわった井伊直弼

江戸に戻った堀田は4月22日、越前国福井藩主・松平慶永《よしなが》の大老就任を、将軍・家定に願い出た。ところがその翌日、家定は慶永の〝宿命のライバル〟ともいえる近江国彦根藩主・井伊直弼を大老に任命したのである。

この人事には、当時、条約調印問題と並んで幕政を揺るがしていた将軍継嗣問題が絡んでいた。実子がなく、極端に病弱な家定の後継者をめぐり、家定の従兄弟にあたる紀伊（和歌山）藩主・徳川慶福《よしとみ》（後の家茂《いえもち》）を推す「南紀派」と、御三卿のひとつである一橋家の当主・一橋慶喜《よしのぶ》を推す「一橋派」とが、激しい政治闘争を繰り広げていたのである。血統でいえば明らかに慶福であったが、わずか13歳の慶福では難局を乗り切れないと判断した慶永、薩摩（鹿児島）藩主・島津斉彬《なりあきら》、土佐（高知）藩主・山内豊信らは、幼少時より英明と讃えられた当時22歳の慶喜を推挙していた。堀田は、この一橋派のリーダー格であり、開明的思想で知られた慶永を大老とし、保守的な思想を持つ南紀派の一掃を図ったのである。しかし、家定が大老とした井伊直弼は、譜代大名を中心とする南紀派の筆頭であった。堀田の留守中に、大奥を通じて家定に働きかけた南紀派の運動がこの人事を成功させたのであった。

こうして大老となった井伊は5月1日、老中一同を集めて世継ぎを慶福に定めると家定に申し渡させながらも当面は極秘とし、堀田には条約調印の延期をハリスに求めるよう指示を出した。保守的とされる南紀派であっても「開国やむなし」と考えていた井伊は、勅許を得るまでの時間が欲しかったのである。

岩瀬から延期を要請されたハリスは、決定権が朝廷にあるならば京都へ出向くしかないなどと脅したが、7月27日までの延期を渋々承諾する。ところが、6月13日にアメリカ軍艦ミシシッピ号が、15日にはポーハタン号が相次いで来航。英仏が清国を完全に制圧したこと、イギリス艦隊来航の可能性があるなどとの情報を得たハリスは前言を翻し、岩瀬に再び即時調印を強く迫ったのだった。

そこで井伊は6月19日、評議を開いて幕閣らの意見を聴取したところ、岩瀬、井上をはじめとする幕臣の大半は即時調印を訴えた。その席でもなお井伊は「天皇をこそ専らに御評定あり度候へ」として勅許を得ないままの調印に反対する。大阪大学教授などを務めた芝原拓自氏は「井伊は将軍継嗣を公表し、反対派を弾圧したうえで条約の勅許をとるつもり」(『日本の歴史23 開国』小学館)だったと解説している。

そのために井伊は岩瀬と井上に、大老の権限をもって再度の調印延期を指示したのだが、「ハリスがそれを認めなかった場合には、調印してもいいか」と聞き返され、「万策尽きれば仕方がないが、できるだけ尽力せよ」と命じた。

そして同日、小柴沖に停泊していたポーハタン号に到着した岩瀬と井上は、船上のハリスに延期の要請をしないまま調印を果たしてしまう。後にこれを知った井伊は「案外早々の調印、あきれ申し候」と述べるしかなかった。

いわゆる「違勅調印」を断行したのは、時勢を敏感に感じ取った岩瀬と井上であり、井伊はそれに終始反対していた。しかし、大老・井伊直弼は調印がなされた時点での最高責任者であったことで、尊攘派から「国賊」と呼ばれることとなったのである。

コラム

千葉周作に諭された「桜田門外の変」の実行犯

1860（安政7）年3月3日、江戸城の桜田門外で大老・井伊直弼《なおすけ》が襲撃され、あえなく命を落とした。このテロ行為は、井伊直弼の外交政策や反対勢力を弾圧した「安政の大獄」に恨みを抱いた水戸脱藩志士たちによって強行されたものだ。実行犯は総勢18名。そのなかに、たったひとり、水戸脱藩の志士ではない人物がいた。その者の名は、有村次左《じざ》衛門《えもん》。薩摩藩を脱藩した元藩士である。

有村次左衛門（兼清）は、1838（天保9）年、薩摩藩士の三男として鹿児島城下に生まれた。地元で野太刀（薬丸）自顕流《じげん》を学び、江戸に出て北辰一刀流を修めた。有村と北辰一刀流との出会いには、次のような逸話が残されている。

腕に覚えのある有村は、その実力を江戸で試したくなり、とうとう辻斬りを思い立つ。そんなある夜、恰好の侍に出くわしたため、間髪を入れず相手に斬りかかった有村だったが、利き腕を取られて投げ飛ばされたばかりか、相手に股間を摑《つか》まれてしまった。「こんなに縮んでいては、人は斬れぬ。辻斬りなどいたすな。人命は尊いものだ」こう言い放った人物こそ、北辰一刀流の創始者、千葉周作その人だったのである。

有村は、学があるタイプではなかった。し

かし、江戸の藩邸で過ごし、水戸藩士たちと交わるなかで「井伊直弼を斬るべし!」という思いを強くしていく。しかし、藩の方針が突如として変わった。それでも有村は、薩摩藩士は大老襲撃に参加してはならぬという藩命に逆らうように、脱藩。そこには、自分は剣しか取り柄がない人間で、剣によって道を開かなければ自らの存在が無意味なものになるとの思いがあった。こうして有村はただひとり、水戸を脱藩した者たちに加わり、18番目の襲撃メンバーとなったのである。

桜田門外での襲撃に成功した有村は、率先して絶命した直弼の首を斬り落とした。しかし、意気揚々と引き揚げようとした時、倒したはずの彦根藩士が突如として立ち上がり、有村の背中から斬りつけた。その武士は絶命したが、意外に深手を負わされていた。次左衛門は大老暗殺という大仕事の達成感に酔うことなく、数時間の後、自刃し果てたのである。享年22。辞世の句は「磐鉄《いわかね》も くだかざらんや 武士《もののふ》の 国安かれと 思い切る太刀」であった。

その時有村は、かつて千葉周作に諭された「人命は尊いものだ」という言葉を思い返したのかもしれない。ちなみに「桜田門外の変」の2年後に起きた「生麦事件」で、唯一の死者となった英国人チャールス・リチャードソンにとどめを刺した薩摩藩士が、有村の長兄・有村俊斎だったことは、弟同様あまり知られていない。

征韓論の真実

西郷隆盛は“遣韓論”派だった

現在の教科書

留守政府首脳の西郷隆盛《さいごうたかもり》・板垣退助《いたがきたいすけ》らは征韓論《せいかんろん》をとなえたが，帰国した大久保利通《としみち》らの強い反対にあって挫折した。

30年後の教科書

留守政府首脳の西郷隆盛《さいごうたかもり》は日朝間の緊張緩和をめざし，自ら大使となって朝鮮へ向かおうとしたが，帰国した大久保利通《としみち》らの強い反対にあって挫折した。

岩倉具視と木戸孝允が画策した朝鮮侵略

「征韓論」とは、朝鮮半島に派兵して征服するという対朝鮮強硬論である。

1603（慶長8）年に征夷大将軍となった徳川家康は、豊臣秀吉による朝鮮出兵によって国交が途絶えていた朝鮮との貿易を望み、対馬を領していた宗氏に交渉を指示。1605（慶長10）年には国交を回復し、1607（慶長12）年以降、将軍の代替わりごとに朝鮮通信使を迎えるなど、日朝両国は約200年にわたって友好的な関係を維持してきた。

「征韓論」が生まれたのは、両国の財政的な理由などによって朝鮮通信使が途絶えた1811（文化8）年以降のことである。一部の国学者が『日本書紀』『古事記』に記された「三韓征伐」（古代の日本が、新羅・百済・高句麗を支配したという説話）を歴史的事実と捉えたことがその発端であり、さらに時代が下って欧米列強からの外圧が激しさを増すなかで、再び朝鮮を支配して活路を見出そうという考え方が生まれたのだ。

幕末に生まれた征韓論は、明治維新を成し遂げた新政府首脳に受け継がれていく。日朝関係史を専門とする奈良女子大学名誉教授・中塚明氏は、「戊辰《ぼしん》戦争も終わらない1868年（明治1）12月から翌春にかけて、（中略）早くも岩倉具視《ともみ》や木戸孝允《たかよし》ら政府首脳らによって朝鮮侵略が画策された」としたうえで、その理由を「新政権成立後の士族の不満を外に向け、かつ朝鮮を侵略することによって、政治的、経済的、心理的な諸方面で、欧米諸国による圧迫の代償を得ようとした」（『日本大百科』小学館）と解説している。

1869（明治2）年、明治政府は宗氏を通じて朝鮮政府に王政復古を通達し、日本との国交樹立を改めて求めた。しかし、その国書には日本が朝鮮よりも上位にあることを示す「皇」や「勅」などの字句が含まれていたため、朝鮮側は国書の受理を拒否する。そこで明治政府は翌年、宗氏を介さずに外交官2名を朝鮮に派遣したが、両者は首都に入ることも許されずに帰国。そのひとりである佐田白茅《はくぼう》は朝鮮側のこうした姿勢に激怒し、「即刻、朝鮮を討伐すべし」と激烈な征韓論を訴え、「三十大隊を出兵すれば朝鮮を征服できる」と外務卿に建白した。

こうして征韓論が政府内で過熱する最中、西郷隆盛は郷里・鹿児島で藩政改革に尽力していたのである。

即時出兵に反対した西郷隆盛

1870（明治3）12月、明治政府は岩倉と大久保利通を鹿児島に派遣し、西郷に政界への復帰を要請した。旧大名と士族たちの反発が予想される廃藩置県を控えた政府は、士族たちの信望が厚い西郷の存在を必要としたのだ。維新後、高給を貪る政府高官に嫌気が差し、士族をないがしろにする政策に失望して帰郷していた西郷は、この時、「政府を一洗する」との思いで岩倉らの要請を受諾。翌年1月に上京すると、6月には参議として正式に政界へ復帰し、7月14日の廃藩置県を成功に導いたのである。

廃藩置県という大変革を終えた政府首脳は、1871（明治4）11月、江戸幕府が諸外国と結んだ不平等条約の改正を目指し、欧米12ヵ国を歴訪する旅に出る。特命全権大使の岩倉以下、大久保、木戸、伊藤博文といった政府中枢が、西郷に後事を託すかのように旅立ってしまったのだ。

1873（明治6）年5月、西郷を中心とする通称「留守政府」を揺るがす外交問題が浮上した。朝鮮の釜山に設置されていた倭館（在朝鮮日本事務所）前に、「日本は無法国家であるから、密貿易を行う日本人商人を厳罰に処す」との立て札が掲げられ、倭館は食糧の購入さえも拒まれているという情報が入ったのである。

6月12日、朝鮮問題に対する閣議が開催された。この冒頭で「居留民を守るためにただちに出兵するか、全員を引き揚げさせるか」という外務省案が提示されると、参議の板垣退助は「居留民を保護するのは政府として当然である。一大隊を釜山に派遣し、その後、修好条約の談判にかかるべきである」と主張し、議論は即時出兵に傾きかけた。

この時、首を振ったのが西郷であった。西郷は、「居留民を守るためとはいえ、出兵すれば侵略行為だと受け取られる。軍隊を出すのは控え、位の高い全権大使を派遣すべきである」と訴えた。さらに、これを聞いた太政大臣・三条実美《さねとみ》が「全権大使は軍艦に乗り、兵を伴って向かうのがいいだろう」と述べると、西郷は「兵は伴わず、古式にのっとった烏帽子・直垂《ひたたれ》を着けた正装で、礼を厚く、威儀を正して行くべきです」と回答。その危険な大使役を、自ら買って出たのである。西郷の主張は征韓論ではなく、「遣韓大使派遣論、すなわち「遣韓論」であったのだ。

西郷による遣韓論は議論の末、板垣、後藤象二郎、江藤新平に加え、清国に外遊していた外務卿・副島種臣《そえじまたねおみ》らの賛同を得て8月に内結されたが、重大案件であるために外遊中の岩倉の帰国を待って決定されることとなる。

実は、大久保は5月、木戸は7月にすでに帰国していたのだが、両者とも閣議に出席しなかった。これといった成果を挙げられずに帰国した使節団一行は、学制改革、地租改正、徴兵令といった改革を成し遂げていた留守政府の中に居場所を見つけられなかったのである。

この当時、「条約は　結び損ない　金は捨て　世間へ大使　何と岩倉」との狂歌が流行した。大金をかけながら条約改正に失敗した岩倉は、世間に何と言い訳をするのかというのだ。帰国直後、大久保は知人に宛てた手紙に、「帰朝はしたものの、微力でとても重圧には耐えがたく、なすすべもない」と記していた。

「反官僚派」対「官僚派」による権力闘争

そんななか、9月に帰国した岩倉は、大久保を参議に復帰させ、病気を理由に引きこもったままの木戸との連携を図りつつ、西郷の遺韓論に断固反対の立場を取った。その理由は、海外情勢を目の当たりにした彼らは内治の整備を優先すべきだと考えたとされているが、元京都大学名誉教授の井上清氏は次のような見解を述べている。

「征韓論は対朝鮮政策に主眼があったのではなく、日本国内の権力をだれが握るか、西郷ら反官僚派が握るか、それとも岩倉・木戸・大久保ら官僚派が握るかの権力闘争だったのである」（『日本の歴史20　明治維新』中公文庫）。

この当時、長州出身者を中心とする「官僚派」は、金権体質からの脱却を目指す「非官僚派」に追い詰められていた。１８７２（明治5）年には、大蔵大輔《たいふ》（次官）の地位にあった長州出身の井上馨《かおる》が、盛岡藩が所有していた尾去沢《おさりざわ》鉱山を私物化しようとしたとする「尾去沢鉱山事件」が発覚。これを、１８７１年に創設された司法省のトップ「司法卿」に就任した江藤が厳しく追及し、井上は辞職に追い込まれた。さらに江藤は１８７２年、やはり長州出身の陸軍大輔・山縣有朋《やまがたありとも》が、同郷の御用商人である山城屋《やましろや》和助《わすけ》に65万円（陸軍省年間予算の約12分の1に相当）もの公費を不正に貸し付けていた「山城屋事件」を徹底的に糾弾した。同事件は、金を返せなくなった山城屋が、証拠書類をすべて焼却した後、陸軍省で割腹自殺したために立件されなかったが、山縣は１８７３年４月、江藤の執拗な追及によって引責辞任を余儀なくされている。

▲司法卿に就任し、政界の主流であった長州閥を追い詰めた江藤新平。（国立国会図書館蔵）

こうしたなか、非官僚派が決定した遺韓論が実行されれば、政治の主導権は彼らに握られてしまう……との考えが、官僚派の面々にあったのではないかと見られているのだ。

そして、1873年10月14・15日の両日、西郷の遣韓論をめぐる閣議が開かれた。この席では、大久保が主張する強硬な反対論によって議会は紛糾。結論には至らず、後日、両派の板挟みとなった三条が寝込んでしまうと、太政大臣代行となった岩倉が天皇に反対意見を上奏したことで、大使派遣の中止が決定的となった。西郷はここに至り、23日に辞表を提出して帰郷。翌日には江藤、板垣、後藤、副島などが政府を去った。

この「明治六年の政変」によって、政治の主導権は再び岩倉、木戸、大久保らの手に戻り、江藤は1874(明治7)年の不平士族による反乱「佐賀の乱」の首謀者として刑死。西郷もまた、1877(明治10)年の「西南戦争」に敗れ、自刃したのだった。

コラム

内務卿・大久保利通の見た〝亡霊〟の正体とは？

　1878（明治11）年5月14日午前8時半頃、東京の清水谷（千代田区紀尾井町、通称「紀尾井坂」）において、明治維新を成し遂げた「維新三傑」に数えられ、新政府の内務卿（内務大臣）を務める大久保利通が暗殺された。実行犯6名のうち、主犯格は島田一郎という石川県士族（元加賀藩士）だった。新政府の方針に不満を抱く「不平士族」である彼らは、「公議を杜絶し、民権を抑圧し、もって政事を私する」「憂國敵愾《ゆうこくてきがい》の徒を嫌疑し、もって内乱を醸成する」などと記した「斬奸状《ざんかんじょう》」を用意していた。

　そこに書かれた内乱とは、1874（明治7）年に発生した「佐賀の乱」、1876（明治9）年の「神風連《じんぷうれん》の乱」、1877（明治10）年の「西南の役」など、当時各地で巻き起こっていた士族の反乱のことである。

　この日の午前8時、明治天皇に謁見するために三年町裏の霞ヶ関（千代田区霞ヶ関）の自宅を2頭立ての馬車で出発した大久保は、仮皇宮（港区赤坂）に向かった。この頃の仮皇宮には、大久保が政務を執る太政官《だじょうかん》も置かれていた。そして馬車が清水谷にさしかかった時、突然、草むらから飛び出した犯人たちが日本刀を抜いて襲いかかったのである。大久保は常に護身用の拳銃を所持していたというが、その日に限って整備に出していたのだという。馬車から引きずり出され、「無礼者！」と一喝した大久保に対し、島田らは額を目がけて斬りつけたうえで腰をひと突きし、最後には喉を貫いて絶命させたのである。

政府要人を襲撃するにあたって、島田らは少なくとも4月上旬には上京して綿密な下調べをしており、大久保の出勤日が4と9のつく日であることを把握していた。当然、霞ヶ関の自邸から赤坂の仮皇宮に向かう馬車のルートも知り尽くしていたのだ。

実はこの馬車のルートは、事件の少し前に大久保の指示によって変更されていたものだった。それには理由がある。以前、大久保は紀ノ国坂（港区元赤坂）を通るルートを使っていたが、そこであるものを見て以来、道順を変えさせたというのだ。

大久保が見たものとは、いわゆる「征韓論」に敗れて下野し、「佐賀の乱」の首謀者として処刑された元司法卿・江藤新平の〝亡霊〟だったといわれている。それを見た大久保は途端に顔色を変え、身を震わせたのだった。

大久保の死後、その〝亡霊〟は、たまたま上京していた顔がそっくりの江藤の弟・源作だったことが判明するが、大久保にとってはそのルート変更が命取りになったとの説がある。

暗殺現場となった清水谷は昼間でも薄暗く淋しい場所で、人通りの多い紀ノ国坂を通るルートにはない、テロにはうってつけの場所だったのだ。

日露戦争の真相

教科書から消えた日本の“勝利”

30年前の教科書

ロシアの根拠地旅順をおとしいれ，ついで奉天《ほうてん》を占領し，同年5月の日本海海戦の勝利によって，軍事上の勝敗はほぼ決定した。

現在の教科書

日本海海戦では，日本の連合艦隊《かんたい》がヨーロッパから回航《かいこう》してきたロシアのバルチック艦隊を全滅させた。

しかし，長期にわたる戦争は日本の国力の許すところではなく，ロシアも国内で革命運動がおこって戦争継続が困難になった……

ロシア革命勃発と日本海海戦での惨敗

1904(明治37)年2月8日に勃発した日露戦争は、近代国家となり、1894(明治27)年に開戦した日清戦争で圧倒的な勝利を収めた日本が挑んだ2度目の対外戦争である。

1895年4月17日、日本は日清戦争の講和条約である下関条約を清国との間に締結。遼東半島・澎湖《ほうこ》島・台湾の割譲、約2億テール(約3億円)の賠償金、最恵国待遇などを手に入れた。ところがその6日後にあたる4月23日、南下政策を進めるロシアが日本の大陸進出を阻むべく、フランスとドイツを加えた3ヵ国による連名で、日本に遼東半島の返還を勧告してきたのである。

この「三国干渉」により、日清戦争で勝ち取った遼東半島の放棄を余儀なくされた日本は、以降、「臥薪嘗胆《がしんしょうたん》」(薪《たきぎ》の上に臥《ふ》し、苦い肝を嘗《な》めることで恨みを忘れず、やがて復讐を果たすこと)を国民全体のスローガンとし、対ロシア戦争の準備を開始することとなる。

その一方、日本に放棄させた遼東半島の租借権を得たロシアは、半島の先端に位置する旅順に海軍基地を建設。清国から満州(中国北東部)の鉄道敷設権を獲得して南満州を事実上支配した。こうした情勢のなか、清国内で「扶清滅洋《ふしんめつよう》」(清国を扶《たす》け洋を滅する)を訴える「義和団」による反乱「義和団事件」が勃発。反乱鎮圧という名目で、英・米・仏・墺・伊、そして日本などとともに出兵したロシアは、反乱の収束後も撤兵せず、満州全域を支配してしまう。ここに至って日本は、ロシアの南下を阻止したいイギリスとの間に日英同盟を締結。満州におけるロシアの権益を認める代わりに、大韓帝国（韓国）における日本の優越権を承認させようとするロシアとの交渉も決裂したことで、1904年2月、ついにロシアとの戦争に踏み切ったのであった。

賠償金を払わなかったロシア

こうして勃発した日露戦争は、短期決戦を目論む日本軍の優勢のうちに進められ、1905（明治38）年1月には極東におけるロシア最大の要塞・旅順港を制圧。3月には奉天会戦に勝利を収めたが、ロシア軍の撤退作戦によって決定的なダメージを与えるには至らなかった。日本の戦争継続能力はこの時点で限界に近づいていたため、日本政府は4月、軍部とともに講和条件の検討を開始している。

一方、交戦中のロシアでは、革命の火蓋が切られた。1905年1月、首都サンクトペテルブルクで、皇帝ニコライ2世の圧政に抗議する大規模なデモが発生。無防備なデモ隊に軍隊が発砲し、1000人以上が犠牲となった「血の日曜日事件」を皮切りに、ロシア全土に革命運動が巻き起こったのだ。

そして5月、東郷平八郎海軍大将率いる日本の連合艦隊が、当時〝世界最強〟といわれたロシアのバルチック艦隊を日本海海戦で撃破。海軍力の大半を失い、戦争継続による革命運動の拡大を恐れたロシアは、アメリカ大統領セオドア・ルーズベルトからの講和勧告をついに受け入れたのである。

こうして9月5日、アメリカのポーツマスで講和条約が調印され、日露戦争は終結したのだが、本項冒頭に掲載した現在の教科書を読むと、「バルチック艦隊を全滅させた」の後に〝両者痛み分け〟と受け取れる文言が続いている。

たしかに、「臥薪嘗胆」をスローガンに軍拡を進めた日本ではあったが、開戦時に至ってもロシアとの国力の差は明らかだった。予備役を含む兵力は、日本の約63万に対してロシアは500万、推計GDP(国内総生産)は、日本の約500億ドルに対してロシアは約1540億ドルとされている。圧倒的な国力を持つロシアは、長期戦、あるいは再戦に持ち込めば日本に勝てると考えており、ニコライ2世はポーツマスに全権代表として送り出したセルゲイ・ウィッテに、「一握りの領土も、1ルーブルの賠償金も与えてはならない」と厳命したという。

ウィッテはこれに応え、日本側の全権大使・小村寿太郎が要求した賠償金および戦費の支払いをすべて拒絶。莫大な賠償金を期待していた国民は、ポーツマスから帰国した小村に罵詈雑言《ばりぞうごん》を浴びせ、東京の日比谷公園では講和条約締結に反対する焼き討ちや暴動が巻き起こった。こうした事実の見直しにより、30年前の教科書には記載されていた日本の戦勝を示す文言が削除されたのだろうか。

世界各国が認めた日本の勝利

それでも、革命というロシアの国内事情があったにせよ、日本が戦いを優位に進めていたことは事実であり、日本はポーツマス条約で、朝鮮半島における優越権、ロシアが満州に建設した東清鉄道の譲渡、遼東半島の租借権、沿海州沿岸の漁業権をロシアに認めさせ、南樺太(樺太の北緯50度以南)を割譲させている。賠償金が取れなかったとはいえ、これらは日本政府が必須とした条件をすべて満たしていた。日本は日露戦争において、大国ロシアを屈服させたのである。

世界各国の人々も、日本の勝利を認めている。例えば、後の初代インド首相ジャワハルラール・ネルーは「アジアの一国である日本の勝利は、アジアのすべての国々に大きな影響を与えた」と述べ、後に初代中華民国臨時大統領となる革命家の孫文は「日本の勝利はアジアだけでなく、トルコやアフガニスタンなどの独立運動を刺激した」と語っている。大国ロシアの脅威に晒されていたトルコには、日露戦争で活躍した将軍の名を冠した「東郷通り」「乃木通り」が登場。フィンランドでは「提督ビール」というビールのラベルに東郷の肖像画を採用した。

しかしその後、日露戦争に勝利した日本は、帝国主義に大きく舵を切った。元上智大学文学部教授の藤村道生氏は、この戦争の影響を次のように解説している。

「日本の戦勝はアジア民族運動勃興の契機となったが、朝鮮併合は日本への期待を失わせた」(『日本大百科全書』小学館)

こうした負の要素が、日本の歴史教科書から日露戦争における日本の勝利を消してしまう要因になったのかもしれない。

監　修

小和田哲男《おわだてつお》

専門は日本中世史、特に戦国時代史で、主著『後北条氏研究』『近江浅井氏の研究』のほか、『小和田哲男著作集』などの研究書の刊行で、戦国時代史研究の第一人者として知られている。
また、NHK 総合テレビおよび NHK E テレの番組などにも出演し、わかりやすい解説には定評がある。
NHK 大河ドラマでは、1996 年の「秀吉」、2006 年の「功名が辻」、2009 年の「天地人」、2011 年の「江～姫たちの戦国～」、2014 年の「軍師官兵衛」で時代考証を担当している。

【編集協力】

原田浩二　山本亜作子　髙梨聖昭

【表紙デザイン・装丁】

熊坂 弘

大人が知らない！ 最新日本史の教科書

2015年11月25日　第1刷発行
2021年 3 月 2 日　第10刷発行

監　修……小和田哲男
発行人……蓮見清一
発行所……株式会社 宝島社
〒102-8388 東京都千代田区一番町25番地
営業 03-3234-4621
編集 03-3239-0928
https://tkj.jp
振替 00170-1-170829（株）宝島社

印刷・製本……株式会社 廣済堂

ISBN 978-4-8002-4737-7